MONSIEUR
LE PRÉFET.

Les anciens appelaient figures panthées
celles qui portaient des caractères at-
tribués à tous les dieux.

HUET.

TOME DEUXIÈME.

Seconde Édition.

A PARIS,

CHEZ LADVOCAT, LIBRAIRE

DE S. A. R. MONSEIGNEUR LE DUC DE CHARTRES,

AU PALAIS-ROYAL.

M. DCCC. XXV.

PARIS. — IMPRIMERIE DE FAIN, RUE RACINE, N. 4, PLACE DE L'ODÉON.

MONSIEUR
LE PRÉFET.

TOME II.

PARIS.—IMPRIMERIE DE FAIN, RUE RACINE, N°. 4,

PLACE DE L'ODÉON.

MONSIEUR

LE PRÉFET.

Les anciens appclaient figures panthées
celles qui portaient des carrctères at-
tribués à tous les dieux.

HUET.

TOME DEUXIÈME.

Seconde Édition.

A PARIS,

CHEZ LADVOCAT, LIBRAIRE

DE S. A. R. MONSEIGNEUR LE DUC DE CHARTRES,

AU PALAIS-ROYAL.

M. DCCC. XXIV.

MONSIEUR LE PRÉFET.

CHAPITRE XI.

LE TENTATEUR.

> Ils tentent comme lui ; mais, contens de
> perdre l'âme, ils laissent là le corps.
>
> MERCIER, *Tableau de Paris:*

Dans chaque maison où la famille du Préfet avait paru, on ne doutait pas que cette démarche n'eût un but général, celui de reconnaître les prévenances qu'on leur avait adressées à l'époque de leur ar-

rivée; nul ne pouvait soupçonner que tant
de courses ne fussent que les préliminaires
d'une seule visite : c'était néanmoins la vérité. On voulait aller chez le négociant
Lubert, parce qu'on n'avait pas vu sa fille
venir à la préfecture, où on désirait qu'elle
parût. Girmel ne doutait pas de la décider à cette démarche si Célénie la préve-
nait. Madame de Girmel, suivant la commune règle, aurait pu se dispenser de le
suivre. Lubert était veuf, mais dans le
monde, lorsque l'intérêt parle, on fran-
chit facilement les barrières de l'étiquette,
et la dame dont il s'agit, eût, dans le but
de pousser sa fortune, fait encore de plus
grands sacrifices ; celui-là donc lui coûta
peu. Elle ne balança pas à descendre de
sa voiture, quand elle eut appris que le
négociant était chez lui.

Madame de Girmel, dont l'expérience
était profonde, n'avait point voulu, par
une combinaison politique, faire connaî-

tre à son fils le dessein qu'on avait de l'unir à mademoiselle Lubert ; elle savait qu'on est plus aimable lorsqu'on ne croit pas avoir besoin de l'être. Elle voulait enfin qu'il jugeât librement Aline, et que ce fût son propre cœur qui le portât à chercher à lui plaire. Dans le temps qu'elle agissait ainsi avec son fils, elle avait cru devoir tenir une conduite différente envers Célénie. Elle avait compris que, pour plus sûrement réussir, il lui fallait le secours d'une auxiliaire intéressée au succès de l'entreprise : pouvait-elle mieux la choisir ? Sa fille devint sa confidente en cette circonstance ; elle l'engagea à ne rien négliger de tout ce qui pourrait lui mériter l'amitié d'Aline ; elle régla tout ce qu'elle devait dire ou faire, ne se doutant pas que la fausseté introduite dans un jeune cœur, pour un objet déterminé, y laisse toujours de tristes germes, qui, plus tard, produisent des fruits dangereux.

Le négociateur le plus adroit néglige
souvent des choses bien importantes; la
baronne, toute entière à son dessein, ne
prévoyait pas le mal qu'elle faisait à sa
fille, et qu'un jour peut-être elle se pren-
drait dans ses propres filets. Célénie avait
quelque goût pour l'intrigue; ce ne fut
donc pas avec peine qu'elle prit sa part
dans la conspiration que l'on ourdissait;
elle, de son côté, était intéressée à l'accomplissement d'une union qui devait
séparer pour toujours mademoiselle Lubert de Valtaire. Le beau colonel, depuis
qu'elle l'avait connu, ne sortait plus de
sa pensée, et tout bas elle se disait, si je
puis rompre les nœuds qui sans doute les
attachent l'un à l'autre, peut-être ;.... et
elle se taisait. Ce *peut-être* était bien va-
gue, il ouvrait le champ à d'immenses
combinaisons. Pour avoir pu les former,
il fallait avoir un plus profond usage du
monde que n'en ont ordinairement les

jeunes personnes ; mais on avait élevé Célénie différemment. On sortait d'une époque où la philosophie était à la mode. Dans ce temps, madame de Girmel pensait autrement qu'à l'heure présente, et Monsieur le Préfet ne songeait pas alors à avoir un banc particulier dans l'église paroissiale. Leur fille avait de l'esprit, elle l'employait mal ; c'est assez l'usage, lorsqu'on ne le soumet pas à l'empire de la raison. Qui peut d'ailleurs se promettre de vaincre dans la lutte établie entre le bon sens, les passions et l'amour-propre ? Le plus sage est en grand péril ; combien plus encore le danger est extrême, pour la jeunesse et l'inexpérience.

M. Lubert, étranger à tous les projets de la préfecture, était loin de s'attendre à ce que mesdames de Girmel prévinssent sa fille. Celle-ci avait été légèrement indisposée, et cette maladie passagère était la seule cause qui avait mis obstacle à son désir d'aller voir Célénie ; elle fut touchée de la marque d'amitié qu'elle en recevait, et dont elle se montra reconnaissante. On causa beaucoup ; néanmoins on parla peu des modes nouvelles. La fille du négociant n'avait guère le temps de songer à ces graves futilités ; sans pour cela qu'elle renonçât à l'envie de plaire. Elle cherchait à poser de son mieux les chiffons dont elle se parait ; mais, entièrement occupée de ses études, comme des soins qu'exigeait le ménage d'une maison considérable, le temps lui manquait pour suivre dans leurs phases ces riens importans, qui sont tout pour certaines femmes.

Célénie s'était flattée de rencontrer le colonel de Valtaire chez M. Lubert, espérant dans ce cas deviner à coup sûr, au premier coup d'œil, quel degré d'intimité pouvait exister entre lui et Aline. Elle ne put mettre en pratique ses talens observateurs ; Ernest n'était point dans le salon, il n'y parut pas tant que dura la visite. Adolphe eût pu briller en cette circonstance s'il l'eût voulu ; mais Adolphe n'éprouva rien de particulier à la vue d'Aline. Il ne sentit pas cette commotion sympathique qui agite l'âme et l'entraîne vers un sentiment auquel elle ne songeait pas un instant auparavant. Son cœur, par conséquent, demeura tranquille ; ce qui n'était pas de bon augure pour les espérances que les siens avaient formées. Il ne parut, lui aussi, aux regards d'Aline que comme un jeune homme bien élevé, qui ne possède rien de ce qui peut produire un soudain, un impétueux attachement. Rien en lui ne rappelait l'idée de ce beau colonel qui, au premier aspect, s'emparait presque toujours en tyran des affections d'une âme sensible. Adolphe ne pouvait jamais être pour lui un rival dangereux.

Tandis que le jeune trio causait à l'é-
cart, Monsieur le Préfet et sa digne moitié avaient entamé avec M. Lubert une
discussion sur la position actuelle du commerce. Ce dernier le croyait sur le point
de déchoir, par la supériorité que de
malheureuses circonstances accordaient
aux étrangers. Le magistrat n'avait garde
d'acquiescer à une conséquence pareille;
il essayait au contraire de représenter nos
manufactures dans une grande activité;
il faisait un tableau superbe des produits
de notre industrie. Lubert ne le niait pas;
il n'admettait seulement point l'induction
qu'on voulait en tirer; il prouvait, en op-
position, par ses registres, qu'il employait deux cents ouvriers de plus dix
ans auparavant, et qu'aujourd'hui il avait
grande peine à fournir du travail à ceux
qui lui restaient.

Peu importait dans le fond à Monsieur
le Préfet que nos relations commerciales

fussent plus ou moins avantageuses; son
but, dans ce moment, était d'amener,
par des voies détournées, le manufacturier à une façon de penser conforme à la
sienne. La pierre de touche du libéralis-
me, avait-il dit cent fois, est de se plaindre du temps présent pour vanter celui
qui vient de finir. On reconnaît de même
un homme bien pensant, ajoutait-il, lorsqu'en prônant le vieux régime, il sépare
le nouveau en deux parts : l'une, dont il
fait l'éloge, celle du nouveau triomphe
de sa cause; l'autre, qu'il jette aux chiens,
celle des droits acquis par le grand nombre sur une poignée d'individus.

Monsieur le Préfet ne manqua pas de
faire ressortir avec ostentation la pro-
tection éclatante que le gouvernement
accordait au commerce; les expositions
fréquentes des produits de notre industrie ; les récompenses obtenues par nos
négocians ; les médailles en tous métaux;

les croix de la légion-d'honneur ; les titres
même répandus avec une sorte de profusion. Il insinua en ce lieu , sans trop ap-
puyer sur la phrase, que bien que Lubert
n'eût encore reçu nulle marque de la mu-
nificence royale, il lui serait facile d'être
admis au nombre des élus. A ces mots
Lubert prit feu : il avait sur le cœur sa
triple radiation. Il déclara que , dans la
conduite tenue à son égard , il ne pouvait
voir le dessein de récompenser le bien
qu'il avait pu faire à son pays, dont positivement il avait augmenté la richesse.

« Tout ce qui s'est passé à ce sujet, dit
alors le magistrat, provient d'un mal entendu que nous éclaircirons sans peine.
On ne demande pas mieux que d'obliger
des hommes tels que vous. Je me charge
de tout rétablir dans le premier état ,
pourvu que, me laissant faire, vous don-
niez de votre côté des garanties au ministre. »

—« Des garanties ! monsieur, je ne vous entends pas. Je paie mes contributions par douzième avec exactitude. Jamais les ouvriers que j'emploie n'ont attendu leur salaire. Je ne fabrique qu'avec des matières de première qualité. Je ne suis jamais le second à porter mon offrande quand il faut secourir le malheur. Mes livres de compte sont à jour; je ne m'occupe que de mes affaires ; et, en bon citoyen, je forme sans relâche des vœux pour la prospérité de l'état. Voilà, je pense, tout ce que le ministère peut demander à un particulier. Il est libre à lui d'exiger plus des fonctionnaires qu'il dirige. »

— « Assurément, mon cher ami, tout ce que vous me dites là est fort bien, et votre conduite est intacte. Cependant on pourrait, par exemple, vous dire : Monsieur Lubert aime à jouer sa partie d'échecs ? eh bien, au lieu d'aller trouver

les amateurs du café de Charlemagne, qu'il
recherche ceux qui fréquentent l'établissement de madame Albert. Faites de temps
en temps des visites ostensibles à monsieur
votre curé et au premier adjoint de la mai-
rie ; souscrivez promptement pour l'acqui-
sition de............. Venez passer vos soirées à la préfecture, chez Romeval, et
surtout ne négligez pas madame de.......;
dès lors on n'aura plus rien à vous re-
procher. »

Lorsque Girmel avait dit à Lubert qu'on
lui demandait des garanties, celui-ci ne
put se défendre d'un léger mouvement
d'inquiétude, et craignait que de vils ca-
lomniateurs n'eussent cherché à noircir
sa réputation de probité, ou de soumis-
sion à la chose publique, et avec impatience, il attendit que le fonctionnaire s'ex-
pliqua. Mais, quand ce dernier lui eut dé-
taillé ce qu'il entendait par des garanties ;
quand il eut bien compris qu'il n'avait

perdu ses trois places que pour avoir re-
fusé de faire un cadeau à gens plus riches
que lui, comme aussi pour ne pas avoir
voulu changer de café à l'instant où le
ministère avait changé de maxime, et négligé de paraître chez une femmme sans
mœurs, il ne put retenir un sourire,
bientôt néanmoins contenu par une vive
indignation : elle ·l'eût entraîné bien
loin ; mais, appelant la prudence à son secours, il crut que le silence devait être
sa seule réponse, et subitement il changea
de conversation.

Girmel ne s'étonna pas de ce silence
qui lui parut affecté. Il savait que la plu-
part de ceux qu'il avait séduits, cherchaient d'abord à renfermer en eux-mêmes
leur changement. Il ˙crut que Lubert
ne s'écarterait pas de la marche commune ; et il termina la visite, en l'engageant à le voir aussi souvent qu'il le
pourrait. Célénie également ne se sépara

pas d'Aline sans l'avoir embrassée à plusieurs reprises.

« Ah ! lui dit-elle, avec un ton d'affection qu'elle savait jouer à merveille, vous me rendrez heureuse, si vous consentez à me voir avec intimité ; vous serez ma seule, ma parfaite amie. Est-il un bonheur plus grand que d'avoir une amie qui sache nous entendre, et dans laquelle on puisse sans crainte déposer ses plus secrètes pensées, ses plaisirs ou ses légers chagrins. »

Aline avait trop de véritable sensibilité pour ne pas répondre avec bonté à de pareilles avances. Elle promit tout ce qu'on voulut ; elle aussi était quelque peu sous le charme. Il y a dans les chefs-lieux une sorte de gloire à être l'amie intime de la fille du Préfet. Mais cet honneur attire infailliblement la jalousie des autres jeunes personnes furieuses, malgré leur dire, d'une préférence qu'elles ne partagent pas. Elles s'en vengent par de méchans propos, et l'heureuse souvent ne peut l'être qu'aux dépens d'une partie de sa réputation.

Plusieurs jours se passèrent durant lesquels il n'arriva rien qui soit digne d'être rapporté. Le colonel Ernest vint plusieurs fois à la Préfecture, et Célénie trouva le moyen de le contraindre à l'occuper d'elle. Il fallait tantôt qu'elle eût un dessin particulier et d'un effet charmant, et l'on priait le colonel de tracer sur du papier vert des traits qu'on ne pouvait soi-même arrêter. Tantôt on avait reçu de Paris de délicieuses romances du célèbre Dalvimare, mais elles étaient à deux voix, et on engageait Ernest à venir chanter en partie les mélodieuses nocturnes. Souvent on se plaignait de sa négligence, quand il ne venait pas exactement. Alors un regard, un sourire, un geste, l'avertissaient tour à tour de ce qu'on semblait vouloir lui cacher. Ernest était toujours Français ; il avait été militaire, et, par suite, il savait qu'une femme qu'on intéresse mérite au moins des égards. Célénie était vraiment jolie. Ses beaux cheveux, artistement bouclés tombaient à profusion sur de blanches épaules ; ses yeux étaient noirs, sa taille élancée ; peut-être le cédait-elle à la belle Aline, mais en résultat elle paraissait offrir à Ernest ce qu'on ne pouvait espérer de celle-ci. Le colonel était très-embarrassé.

CHAPITRE XII.

LES BUREAUX DE LA PRÉFECTURE.

> Ah! monseigneur, ils sont tous de la
> même famille !
>
> Beaumarchais , *Barbier de Séville.*

Monsieur le Préfet, se rappelant
toujours la disgrâce qui lui avait fait
quitter jadis la préfecture, songeait qu'un
pareil malheur pourrait lui arriver encore
dans l'avenir, et en conséquence, afin de
garder ce qu'il appelait une poire pour

la soif, il voulait régler les revenus de sa place, de manière à trouver quelque résidu au bout de l'année. Il était entretenu dans cette prudente disposition par madame de Girmel, dont l'économie un peu outrée aurait été nommée avarice dans tout autre personnage; mais on vénérait trop sa qualité pour l'assimiler aux communes bourgeoises. Ce digne couple, ainsi que déjà nous l'avons dit, tenait assez souvent des conseils de famille, où, à eux deux, ils discutaient tous les détails de l'intérieur.

Dans un de ces momens d'épanchement, la baronne s'adressant à son époux : « Mon très-cher ami ; lui dit-elle, prenez-y garde, savez-vous que furieusement vous tranchez du grand seigneur ; faut-il tenir table ouverte comme vous le faites; il y a là de quoi nous ruiner avant peu. »

— « Je sais que la dépense est forte, mais comment agir autrement ; nous arrivons, la foule des fonctionnaires se presse autour de nous, il convient qu'un préfet représente, et dans ce pays, lorsqu'on ne donne pas à manger, on fait triste figure. »

— « Bon, bon ! voyez le chef de la gendarmerie, il invite à dîner quatre fois par an, et le receveur général, malgré son faste extravagant, n'a-t-il pas encore sa vaisselle neuve si rarement il s'en sert. »

— « Il est vrai, mais, ma chère amie, ces gens-là ne sont pas le préfet du lieu, la représentation n'est pas dans leurs attributions, nul ne les blâmera de fermer leur porte, tandis que tous les yeux restent fixés sur moi. »

— « Voilà les inconvéniens de la grandeur. »

— « Elle a pourtant son mérite. »

— « Je n'en disconviens pas, mais n'en soyons point trop éblouis ; voyons, si, perdant d'un côté, nous ne pourrions pas nous refaire de l'autre : d'abord, ne voyez-vous pas comme moi l'absurdité de ces trois services, qui éternisent un repas et font dîner trois fois de suite; je serais d'avis de les réunir en un. »

— « Vous voulez rire. »

— « Point du tout. »

— « On nous sifflera. »

— « Ne le craignez pas; nous arrivons de Paris., disons que c'est la mode chez les ministres, on nous croira et l'on nous imitera ensuite. Voyez quelle économie peut résulter de ce nouvel état de choses. »

— « Elle sera immense, nous ferons la même figure et nous ne dépenserons que la moitié; c'est charmant. » (*Historique.*)

— « Ai-je eu là une bonne idée? »

— « Vous n'en avez pas d'autres, madame la baronne. »

— « Je me suis formée à votre école, monsieur le baron; poursuivons cependant

le cours de nos retranchemens des su-
perfluités inutiles ; vos bureaux me font
frémir par le gaspillage énorme qui s'y
fait ; je ne puis apprécier si ce tas de
commis dont ils sont encombrés vous est
utile ; à votre place j'y porterais un regard scrutateur, mais du moins j'ai l'assurance qu'en fournitures de cabinet on y
dépense dix fois plus qu'il ne faudrait ; il
est urgent de réformer ces abus, ils nous
minent ; je commence par supprimer les
distributions de plumes, chaque commis
se procurera celles dont il aura besoin,
plus de canifs à nos frais ; du papier dis-
tribué avec ordre, je le tiendrai sous
clefs, et ne le lâcherai que sur un bon
d'un des chefs ; je supprime les pains à
cacheter, on les dérobe par milliers, et
l'on en fournit toute la ville ; notre cuisi-
nier fera de l'excellente colle, cela vau-
dra tout autant. » (*Historique.*)

— « Vrai, madame ; plus vous me parlez,

plus je vous admire ; me voilà tout prêt
à vous imiter, et sous quelques jours je
ferai, parmi les employés, les réformes
les plus sévères. »

— « Oui, vous agirez en homme de
bon sens ; par exemple, que vous sert le
chef du personnel, ce monsieur Chrysostôme, qui porte un nom grec, et dont
la paresse surpasse celle d'un Espagnol ;
il n'est jamais à son poste, il court sans
cesse, et passe hors de la préfecture les
deux grands tiers de la journée. »

— « Diantre ! madame, c'est jouer de
malheur, que de me présenter comme
inutile le commis le plus occupé de toute
la maison. »

— « Lui, il sort toujours, vous dis-je. »

— « Oui, sans doute il sort, mais savez-vous pourquoi ? il a l'intendance des
adjudications ; il faut qu'il voie les entre-
preneurs, qu'il s'accorde avec eux avant
que je leur parle ; ici il ne pourrait que se

montrer sévère, ailleurs il s'arrange, il y a des dessous de carte..... »

— « Je vous entends; conservons monsieur Chrysostôme en faveur de son travail à l'extérieur; mais, Julien, par exemple, à quoi peut-il être bon? Adonis de mauvais ton plus occupé de plaire aux dames que d'éplucher sa besogne; il chante des romances, et ne lit jamais le Bulletin des lois. »

— « Il est neveu d'un pair fort en crédit; il connaît d'ailleurs tous les percepteurs, et me propose toujours la suspension de ceux qui font le mieux leurs affaires; Habacuc vous dira ce que rapportent ces mesures, Julien entend à ravir cette partie. »

— « Le chef du bureau de la guerre : celui-là, par exemple, pourrait recevoir son congé. A quoi peut-il vous servir? »

— « Eh bien! je le garderai néanmoins. »

— « Par folie. »

— « Non ; par reconnaissance. »

— « Eh pourquoi ?

— « Avez-vous, ma reine, oublié les bonnes conscriptions impériales ? »

— « Hélas ! non. C'était le meilleur de ce maudit gouvernement. »

— « Le chef que vous voulez chasser, avec quel zèle alors prenait-il mes intérêts ! Tout passait dans ses mains ; il a souvent éclairé ma justice. »

— « Mais il n'a pas négligé sa fortune ; il ne s'oubliait pas, et vous ne lui devez rien. »

— « Serait-il convenable que je me laissasse tympaniser par lui ? »

— « Oserait-il le faire ? Vous l'écraseriez. »

— « Oui, sans doute, si certaines pièces n'étaient pas dans sa main. »

— « Je n'ai plus rien à dire ; me voilà rebutée. Pourtant, j'avais bonne envie de vous engager à vous défaire de ce chef de bureau des contributions.... »

— « Taisez-vous, malheureuse femme ; ne prononcez pas un mot contre celui-là ; il est ici plus maître que moi ; il appartient à cette congrégation si redoutable.... Vous devez m'entendre à demi-voix.... Hélas, cet homme fait mon supplice chaque fois qu'il me parle ; je crains qu'il ne vienne de me dénoncer, et vous savez si ses patrons l'écoutent. »

— « C'est cependant un misérable. »

— « Voilà comme il les leur faut. Un honnête homme se vendrait-il ? On ne peut acheter que la canaille. »

— « Je vois pourtant force gens des plus huppés qui se sont bien vendus. Ainsi donc vous ne réformerez personne ? »

— « Si parbleu ! trois officiers à la demi-solde, deux vieux commis qui sont sans famille, et quatre jeunes gens dont les cousins germains pensent mal. Avec cela, je rétablirai la balance, je punirai les ennemis du gouvernement, et tout marchera comme à l'ordinaire. »

Après cette conférence économique, le couple se sépara. Madame de Girmel, dans un très-modeste négligé, fut parcourir la cuisine, les offices, les buffets; elle veillait à tout, et souvent querellait avec vivacité ses domestiques qui, selon elle, ne prenaient pas assez à cœur les intérêts de la maison. Monsieur le Préfet, resté dans son cabinet, repassait dans son esprit la liste de ses employés, afin de bien désigner ceux dont il pouvait se défaire sans compromettre son opinion ou ses intérêts. Cent motifs tour à tour venaient accuser ou défendre les noms qu'il se rappelait; son indécision était extrême; il se promit, avant de se décider, de consulter messire Habacuc, qui connaissait parfaitement le fort et le faible de chacun des affidés à la préfecture.

Le secrétaire général mandé arriva en toute hâte ; fort indépendant du Préfet par sa place, s'il eût voulu, il se mettait sous le joug le plus entier parce qu'il y trouvait son avantage. Nous souhaiterions pouvoir écrire ici l'histoire abrégée de ce personnage, mais elle doit trouver sa place un peu plus loin ; monsieur Habacuc n'aura pas perdu pour attendre, nous règlerons plus tard nos comptes avec lui.

« Eh bien, mon très-fidèle, lui dit le magistrat en souriant, vous me trouvez dans un embarras extrême ; je ne puis conserver la petite armée de commis dont mon prédécesseur a garni les bureaux ; ce sont là de vrais Vampires qui me dévorent ; il faut les décimer, je le sens bien, mais le choix est difficile ; et, maintenant qu'il y a tant de gens à respecter, je crains toujours de faire une bévue pareille à celle que je fis naguère dans la

préfecture que j'administrais alors. Figurez-vous qu'un de mes chefs de division
s'était fait directeur d'une troupe de comédiens bourgeois; il avait transformé son
bureau en salle de répétition; tel maire
qui avait à lui parler le trouvait habillé
en Jocrisse; et un jour il reçut, habillé en
Arlequin, le premier président de la cour
royale. De tels abus m'indignèrent : je
tonnai d'abord, on ne m'écouta pas; je
criai plus fort, il supprima alors les ré-
pétitions en costume, mais le même train
se poursuivit; je crus devoir frapper le
grand coup. Un soir, à dix heures, comme
il jouait le beau Léandre de l'Irato, je
lui envoie sa démission, et sur-le-champ
je nomme à sa place son sous-chef, vrai
cul de plomb, travailleur infatigable, qui
depuis dix ans faisait toute la besogne.
Le lendemain voilà que l'Évêque, le Général commandant la division, arrivent
chez moi et me grondent; mon commis

renvoyé était le neveu de l'un, et il avait épousé une prétendue cousine de l'autre; son beau-frère, employé au ministère de la guerre, y jouissait d'un crédit immense, tandis que le sous-chef avait pour oncle un prêtre jureur et non réconcilié. »

— « Que fîtes-vous? »

— « Est-ce une question à faire? l'arlequin fut réintégré dans ses fonctions, et l'homme capable mis à la porte. Oh! je suis à cheval sur les principes tel que vous me voyez. » (*Historique.*)

— « Vous agîtes là en homme prudent. »

— « Je n'aurais eu garde de me conduire d'une autre façon, il y aurait eu du péril pour ma place. Mais revenons à ce que je voulais d'abord vous dire. Conseillez-moi, mon très-cher, et voyons ensemble qui nous pouvons garder dans mes intérêts, ou remercier sans me compromettre. Il faut d'abord placer dans la première catégorie Chrysostome et Julien, les chefs des bureaux de la guerre et des contributions. »

— « Ajoutez à cette liste Lucival. »

— « Cet austère personnage qui s'avise de prétendre à une vertu qui ne s'est point démentie? Il y a long-temps que je ne l'aime pas. »

— « Eh! mon Dieu, croyez-vous que je puisse le souffrir? »

— « Pourquoi donc alors le maintenir? »

— « Parce qu'il faut, pour votre honneur, vous entourer de quelques gens de bien. Lucival, vous le savez, jouit à juste titre d'une excellente réputation : bon époux, bon père, parfait ami, honnête dans l'âme, poli avec tout le monde, serviable à l'excès, il a conquis l'estime de la ville et de tout le département ; travailleur comme il en est peu, sans cesse à son poste, vous auriez de la peine à le remplacer. Je n'éloignerais pas non plus Richard, Creusot, Nectaire et Doménil ; les deux premiers dignes acolytes de Lucival, le troisième à cause de son aptitude, qui le rend propre à tout ce qu'on veut lui prescrire ; le quatrième, enfin, parce qu'à beaucoup de talent il joint la plus mauvaise tête du monde, et que si vous le renvoyiez il serait très-capable de vous en demander raison. »

— « A moi ! à son préfet ! y songez-vous, Habacuc ? »

— « Je sais parfaitement ce que je vous dis là. Quelle que soit votre supériorité sur lui, vous n'en seriez pas moins exposé à une scène désagréable. N'a-t-il pas déjà osé me dire qu'il comptait sur moi pour être maintenu, et que s'il ne l'était pas ce serait à moi qu'il ne craindrait pas de s'en prendre d'abord, sans préjudice du reste. »

— « Mais cet homme est furieux ! »

— « Ne nous y jouons pas. D'ailleurs il travaille avec zèle, et je ne crois pas qu'on puisse se plaindre de lui. »

À la suite de ce propos le secrétaire général passa en revue le reste des employés. On décida ceux dont les services ne seraient plus nécessaires, et il fut arrêté que dans quinze jours on les congédierait. Quel que fût le secret apporté à cacher le résultat de cette conférence, le bruit ne tarda pas à se répandre dans les bureaux de la préfecture qu'une réforme allait avoir lieu. Grande devint l'alarme parmi les employés. Tous, sans perdre de temps, firent jouer les ressorts qui devaient les maintenir en place. L'un, qui jusqu'à ce moment s'était montré très-indifférent à suivre les pratiques de la religion, déclara tout à coup que, touché par la grâce, il se convertissait sans retour. Il prit le curé de la paroisse pour son directeur, donna un tableau à une cha-

pelle de Saint-Ambroise, et se fit recevoir dans la confrérie des pénitens bleus.
L'autre, dont le tiède royalisme avait besoin d'être réchauffé, se montra d'une
véhémence extrême sur ce point; il dé-
nonça deux de ses proches parens qui
avaient fait partie de l'armée de la Loire,
et rima des couplets en faveur de maints
voltigeurs, dont jusques à ce jour il
avait pris la liberté de se moquer. Celui-
ci songea que sa femme était très-jolie,
et il l'envoya en députation à monsieur
le Préfet et au secrétaire général. Celui-là
implora l'assistance du clergé; un autre,
celle des fonctionnaires les plus consi-
dérés; un plus adroit encore oublia sur
la cheminée de M. Habacuc une boîte
d'or remplie d'excellent tabac, car il
savait que le secrétaire aimait cette sale
poudre. Quelques-uns, vrais niais dans un
siècle de lumières, osèrent compter sur
leur bon droit, sur leur ancienneté, et

peut-être sur leur mérite : on fit justice de cette canaille, et ceux-là ne furent pas épargnés.

Ce fut, durant plusieurs jours, une agitation sans pareille dans la ville; la porte de la préfecture était assiégée par la foule des solliciteurs. Les uns s'adressaient au maître, qui répondait par de belles paroles sans jamais donner rien de positif; d'autres, c'étaient madame de Tersac, madame Robert, la marchande de modes, la tailleuse de la baronne de Girmel, cherchaient à intéresser cette dernière en faveur de leurs protégés, qui tous, à les ouïr, étaient des aigles, et souvent à peine si ces dames connaissaient leurs noms. Célénie, de son côté, avait également sa cour : on la suppliait de parler à son père en faveur de tel ou tel commis. Il convient de lui rendre justice, elle ne repoussait qui que ce fût, elle protégeait tout le monde, et même les employés beaux garçons pour lesquels personne ne s'intéressait; ce fut elle qui fit rayer le plus grand nombre de proscrits de la liste fatale; et Monsieur le Préfet, après avoir voulu faire une immense réforme, finit par avoir à peine la liberté de chasser quatre ou cinq infortunés qui eurent le malheur de n'avoir aucun appui : ce devaient être de bien obscurs ou de très-imbéciles personnages.

Une anecdote que la malignité propagea, car elle est toujours à l'affût de ce qui doit ridiculiser les hauts personnages, donna quelque diversion aux mouvemens imprimés à toute la ville, occupée qu'elle était à prévenir les destitutions. Monsieur Habacuc, parmi ses qualités, ne comptait point la fidélité conjugale; il l'eût exigée de sa femme, si celle-ci eût paru vouloir s'en écarter; mais lui prenait très-facilement sa volée, et si ses manières ne pouvaient lui faire jouer le

rôle de séducteur, son crédit et son or,
qu'il lâchait dans cette circonstance, lui
procuraient maintefois ce qu'on ose ap-
peler de bonnes fortunes, et qui, selon
nous, ne sont en ce cas que l'union de
la bassesse avec l'abus du pouvoir ou de
la position.

Le secrétaire, qui ne possédait point
notre morale ni ces vains raffinemens de
délicatesse, cherchait le plaisir grossier
des sens, et ne songeait pas à se donner
ceux plus délicieux de l'âme. Il avait
trouvé, non loin de sa demeure, une
jeune grisette, à l'œil noir, à la mine
éveillée, aux brillantes couleurs, à la
taille élancée, qui déraisonnait avec une
grâce particulière, et dont le cœur sensible ne pouvait rebuter le malheureux
qui venait ou soupirer auprès d'elle, ou
lui présenter des cadeaux. Cette beauté,
fort à la mode dans le quartier, avait facilement compris ce que lui voulaient dire

les regards de M. Habacuc; elle consentit à le recevoir, en tout bien et tout honneur, chez une femme obligeante et d'une prudence extrême; et, en sortant de cette maison, mademoiselle Rose avait à son cou une chaîne de Venise, et deux énormes pendans, en forme de roue, jouaient à ses oreilles mignonnes. Ces bijoux firent jaser les bonnes âmes de l'endroit; mais Rose s'en inquiétait peu, elle était depuis quelque temps au-dessus de ces considérations humaines.

Dès ce moment les entrevues se multiplièrent, et de méchantes langues certifièrent que mademoiselle Rose était la maîtresse du secrétaire général. Du moins, s'il y avait en cela quelque chose de vrai, tout n'était point véritable, car la gentille grisette, outre le fonctionnaire public, avait un autre bon ami, presque son égal, plus aimé par conséquent, et qu'on ne trompait que par ménagement pour sa fortune, car l'amour sincère est toujours délicat. Cet amant, inconnu d'Habacuc, était commis dans les bureaux de la préfecture; il craignit d'être du nombre des exclus, et il parla de ses craintes à mademoiselle Rose.

En même temps, un autre jeune homme qui, dans ses courses nocturnes, avait découvert l'intrigue d'Habacuc et de la grisette, vint trouver celle-ci, et lui promit douze cents francs si elle lui faisait conserver sa place. Cinquante louis ne se refusent pas; elle promit ce qu'on voulut, mais comment protéger à la fois deux jeunes gens malheureusement faits à peindre l'un et l'autre. Rose rêva toute une nuit, et le lendemain son amant était devenu le propre neveu de sa mère, et l'autre employé son futur époux. Mais quelle sotte idée! nous dira-t-on, un cousin passe, c'est dans l'ordre, mais un mari! n'était-ce pas le moyen de le faire plus promptement congédier? Ami lecteur, qui nous fais cette objection, nous admirons ton inexpérience; un amant en titre n'est jamais jaloux de celui qui se présente en qualité d'époux; il le rechercherait plutôt s'il ne venait pas de lui-même. Un mari est toujours très-utile, on a mille moyens pour se rapprocher de lui, on le soutient, on le protége, on le pousse, et les méchans n'ont rien à dire; les accidens sont légitimes, et dans ce qui peut survenir, son nom est là pour servir d'enveloppe.

Le secrétaire général, convaincu de cette vérité, jura de tout faire pour soutenir le futur époux; quant au cousin germain, il y voyait plus de difficultés; néanmoins un rendez-vous donné à propos, des larmes qui arrivèrent du réservoir général, la colère de la mère de Rose si son neveu n'était pas conservé, tout décida maître Habacuc, qui, lorsque le

Préfet eût arrêté la liste des employés
conservés, se hâta d'en faire part à la jolie grisette par un billet bien tendre
qu'elle donna en échange des douze cents
francs. Ce commis était un homme d'ordre, il connaissait la valeur d'une pièce
pareille, elle ne tarda pas à lui servir.

A quelques jours de là, le secrétaire
général voulant voir sa belle à une heure
à laquelle on ne l'attendait pas, la trouva
causant si sentimentalement avec son pré-
tendu cousin, qu'il recula de deux pas ; et
furieux, dans l'intérêt des bonnes mœurs,
il courut en toute hâte dénoncer le fait
au mari futur, lui enjoignant, par son
prochain mariage, de faire cesser un scandale pareil. Le commis rusé prit feu soudain, et jura de ne plus vouloir s'unir à
une infidèle. Habacuc voulut l'y forcer,
mais son insistance disparut à la vue du
fatal billet qu'on le menaça de faire im-
primer ; si bien que les deux commis

furent conservés, tandis qu'il enrageait en son âme, redoutant un éclat, que sa femme et les gens pieux eussent fait peut-être retomber sur son front ou sur ses intérêts. (*Historique.*)

CHAPITRE XIII.

LE BAL.

> La danse n'est pas ce que j'aime,
> Mais c'est la fille à Nicolas.
>
> SÉDAINE, *Richard Cœur-de-Lion.*

« COMMENT trouvez-vous le receveur général ? disait Monsieur le Préfet en entrant chez madame de Girmel un billet à la main. Ne vous semble-t-il pas inconvenant, de lui voir donner un bal, lorsqu'il sait que ma maison n'est pas encore ouverte ? »

— « Mon ami, je devine son but.
Ce financier, jaloux de notre rang qu'il
ne peut contester, cherche par son faste
à en effacer l'éclat. Il sait qu'on ne dansera pas chez vous avant l'hiver prochain,
et voilà qu'il nous devance. Laissons sa
vanité se satisfaire aux dépens de sa parcimonie; il n'aura personne. Nous sommes en automne, je veux aller à la campagne, et certainement je ne paraîtrai pas
à son bal. »

— « Je vous approuve, madame; je
ferai comme vous. Nous profiterons du
jour de cette fête importune, pour
nous rendre chez le marquis de Son-
nebreuse, qui nous attend à dîner.
Vous savez qu'il ne peut quitter son
château, où la goutte l'assiége, et que
sa fille est très-bien avec la comtesse
de C..... C'est un personnage à ména-
ger. Du reste, cachons notre projet,
afin qu'on ne remette pas à une autre

époque cette soirée à laquelle nous ne voulons pas assister. »

La décision venait d'être prise à l'unanimité lorsque Célénie parut dans la chambre de sa mère. « Ah! maman, lui dit-elle, comme nous allons nous divertir ! le receveur général, sortant de son caractère, donne, mardi prochain, un bal qui sera magnifique, et où je me promets de danser toute la nuit. »

— « Vous n'en ferez rien, ma fille, car nous avons pour ce jour-là d'autres engagemens. »

— « Quoi, mon père, vous me priveriez d'une aussi délicieuse partie ? Vous pouvez retarder la course que vous avez à faire, tandis qu'un bal perdu ne se retrouve pas. »

— « Oh! quant à celui-là, il faudra vous résoudre à le perdre, mademoiselle. »

— « Ce serait par trop cruel, ma mère ! voudriez-vous affliger toute votre famille ? Adolphe a déjà solennellement retenu mademoiselle Lubert , ils doivent danser ensemble la première walse et la contre-danse qui la suivra. »

Célénie , en parlant ainsi , était certaine de changer, par la confidence qu'elle venait de faire , l'intention de ses parens. On délibéra de nouveau sur une cause déjà jugée , et, après une mûre méditation , il fut convenu qu'on accepterait l'invitation du receveur général , sans pour ce fait rien rabattre de la rancune qu'on lui portait.

Il eût été pénible pour Célénie de ne point paraître à la fête : elle ignorait si son frère avait songé à devenir le partner de la jeune Lubert , tandis qu'elle était certaine de figurer en débutant avec le colonel de Valtaire. C'était pour elle un coup de parti ; elle avait de vastes desseins, dont, suivant son usage , elle n'avouait jamais qu'une légère portion, afin de pouvoir les modifier suivant les événemens et les circonstances. Ernest avait parlé du projet du receveur général devant Célénie. « Quoi! répliqua celle-ci avec un ton d'ingénuité qu'elle saisissait en perfection, l'on dansera beaucoup à cette soirée? et moi qui ne fais que d'arriver; moi, dont on a oublié l'existence, rencontrerai-je un cavalier empressé à me faire l'hommage d'un ruban? »

Cette exclamation était trop directe, pour permettre à celui qui l'entendait de garder le silence; force fut à lui de se présenter de bonne grâce, quoiqu'il eût pris déjà la résolution de profiter de cette occasion offerte par la fortune, pour danser avec Aline, plaisir qu'il avait trop rarement goûté. Mais ici-bas, le proverbe l'a dit, et quel est le proverbe qui se trompe? l'homme propose, le ciel dispose. Tout ce qu'avait arrêté le colonel se trouva renversé, et il courut le péril d'aller bien au delà de ses intentions.

Soit à Paris, soit en province, un bal est toujours une affaire très-importante, dont les détails ne se règlent pas si facilement. Ne faut-il pas, avant toutes choses, arrêter la liste des invités ? et ce point là présente des difficultés sans nombre. Que de conséquences on doit prévoir ! que de sagacité il convient de déployer dans le choix à faire, comme également pour fixer la ligne précise de démarcation ! Ne point aller trop en delà, craindre l'écueil contraire, satisfaire l'orgueil des uns, redouter d'éveiller l'amour-propre des autres. On a tant d'amis lorsqu'on donne des fêtes ! il est si dangereux de les mécontenter ! Ceux que l'on admet chez soi, sans vous en avoir obligation aucune, regardent votre prévenance comme un simple acte de justice, comme un devoir dont on ne pouvait pas s'écarter.

La portion de la société qu'on a négligée envisage au contraire cet oubli comme un mépris outrageant, un affront dont la vengeance ne se fait pas attendre. On a cru pouvoir en toute sécurité se réjouir avec ceux qu'on préfère : vingt traits méchans vous en font repentir. Chaque bal en province fait, le jour suivant, éclore une satire, qui, outre les maîtres de la maison qu'elle frappe, atteint encore ceux qui ont pris part à la fête.

Le receveur général, étonné lui-même de sa résolution, ne savait plus s'arrêter au milieu d'une prodigue magnificence. Il n'est chère que de vilain, et certes sa fête en était la preuve. On y voyait le luxe luttant partout en vainqueur contre une étroite parcimonie. Plusieurs salons pompeusement décorés et qu'éclairaient un nombre immense de bougies et de quinquets, réunissaient toute la notabilité du chef-lieu et des villes voisines, et tous les merveilleux

des quatre arrondissemens, gens de bon
ton, à ce que disaient leurs familles, et qui
avaient des airs de cour, suivant l'ex-
pression d'un honorable bourgeois, plus
qu'extasié devant les grâces maniérées
de son fils puîné. Aucun de ceux qui for-
maient la foule circulante dans ce lieu,
n'y apportait peut-être un esprit conci-
liant, un désir aimable de trouver bien
tout ce qu'on faisait pour lui plaire. Déjà
les malins propos, les épigrammes ai-
guës tombaient comme la grêle, sur chaque membre de la société tour à tour.
On n'avait garde d'épargner l'Amphitrion,
on *gabait* de lui plus que de tout autre.
C'est une chose admise dans le monde,
qu'on ne doit que des sarcasmes à ceux
qui se mettent en frais pour recevoir une
société, âpre à les déchirer, tout en pro-
fitant des plaisirs qu'on lui offre.

Mais si la méchanceté trouvait à se satisfaire dans cette nombreuse réunion,

les autres passions n'y demeuraient pas
non plus oisives. L'amour jouait en ce
lieu le rôle le plus important, selon son
usage, tandis que l'envie, l'orgueil, la
jalousie, satisfaits ou humiliés, ne restaient pas en arrière; Aline même, la
parfaite Aline ne put échapper à cette
maligne influence répandue autour d'elle.
Pressant son père de partir, elle était ac-
courue de bonne heure, espérant jouir
plus tôt, et avec plus de vivacité, du plaisir de la danse, si Ernest devait être son
partenaire. Elle le voit entrer; il accourt
vers elle; il va l'engager assurément;
déjà le cœur d'Aline palpite; c'est en
vain qu'elle attend une invitation qu'Ernest n'est plus en droit de faire; il cause
avec elle, mais sans lui rien dire du point
capital. Il a même l'air inquiet, embarrassé; il tourne souvent la tête vers la
porte de la salle, comme s'il attendait
quelqu'un. Il répond vaguement aux ques-

tions qu'on lui adresse; et Aline ne peut concevoir une agitation inaccoutumée, une émotion qu'elle lui voyait pour la première fois, et dont certainement elle n'était pas l'objet.

Ernest à peine avait-il répondu par un engagement au désir secret de Célénie, que la faute qu'il venait de commettre lui fut vivement reprochée par son cœur : une fausse honte ne lui permettait pas de découvrir à la modeste Aline ce qu'avec quelque raison il appelait son tort, et il tremblait devant celle qu'il aimait plus que la vie, redoutant le moment où Célénie allait arriver pour l'enlever à la plus douce des conversations. Telle était la cause de son émotion, de son trouble involontaire.

Aline, qui ne le devinait pas, lui donna bientôt un motif plus coupable. Lorsque mademoiselle de Girmel, joignant à l'éclat de sa beauté l'élégance d'une riche parure, entra comme en triomphe dans le salon; celle-ci feignit de ne pas apercevoir que son amie l'appelait auprès d'elle par ses signes, et elle courut s'asseoir à une place très-éloignée, ses projets demandant, ce soir-là, qu'une assez grande distance la séparât d'Aline.

Conformément à l'usage de ceux qui ne connaissent pas les règles de l'impérieuse politesse, le receveur général avait attendu, pour donner le premier signal à l'orchestre encore muet, l'arrivée de la famille de monsieur le Préfet. La musique, à leur aspect se fit aussitôt entendre, et le bal put enfin commencer. Ernest, en voyant Célénie, se rendit auprès d'elle, et se sépara tristement d'Aline. Il fut reçu avec une grâce toute particulière et un sourire très-engageant. Aline aimait sans l'avoir dit, sans presque se l'être avoué à elle-même : son âme fut péniblement émue de la préférence accordée par

Ernest à Célénie. Elle suivait malgré elle
les mouvemens de ce couple qu'elle
croyait heureux ; ses yeux semblaient fas-
cinés, tant leur sensibilité était extrême,
et sous l'empire d'un cruel enchantement.
Adolphe alors s'approcha d'elle ; il venait
de mettre ses gants, et, se plaçant à la
troisième position, il demanda gravement
à mademoiselle Lubert s'il pourrait avoir
l'honneur de figurer avec elle. Aline d'a-
bord ne l'entendit pas ; elle n'était plus
au bal : son cœur errait dans des espaces
de douleur et d'inquiétude. Adolphe, qui
vit cette distraction, recommença, en cavalier de bon air, une seconde fois sa
prière, élevant un peu plus la voix, afin
de ramener vers lui l'attention de la belle
rêveuse. Aline l'entendit enfin : confuse
de sa distraction, elle rougit en acceptant la main du jeune Girmel, et marcha, sous sa conduite, à la place qu'elle
devait occuper, agitée encore de mille

divers sentimens. Célénie au contraire, fière de sa conquête, qu'elle se flattait de conserver, vint en victorieuse prendre également son rang. Elle savait combien il était nécessaire de laisser au colonel peu de temps pour se livrer à ses réflexions, aussi ne cessa-t-elle pas de causer avec lui. Elle avait de l'esprit, pouvait-elle le mieux employer qu'à combattre avec avantage une rivale, préférable sans doute, mais qui, enveloppée dans la pudeur de son sexe, pouvait aimer beaucoup sans rien accorder?

« Ainsi, colonel, disait-elle, vous avez sans retour abandonné l'épée? »

— « Abandonné, mademoiselle, n'est pas le mot; il serait plus exact de dire qu'on m'a fait quitter cette arme glorieuse et chère; car, certes, jamais je ne l'eusse abandonnée volontairement. »

— « Bon! me ferez-vous croire qu'un homme de votre nom eût été congédié s'il n'y avait pas eu quelque peu de sa faute. »

— « Est-ce être coupable, mademoiselle, que de rester fidèle à ses sermens ? »

— « Oh! colonel, la constance est aux yeux de mon sexe la première vertu. Je ne vous querellerai pas de lui être resté fidèle. »

— « Vous conviendrez alors que ma conduite fut exempte de blâme. »

— « Je n'ai jamais pensé autrement. D'ailleurs, j'aime trop mes amis pour leur soupçonner le plus léger défaut; et vous, ami de mon frère, pouvez à ce titre prendre place parmi les miens. »

— « Ce serait, mademoiselle, un poste bien flatteur ! »

— « Ne vous lasseriez-vous pas d'y demeurer long-temps en sentinelle ? »

Cette adroite question, adressée à la galanterie d'Ernest, ne pouvait demeurer sans réponse ; il dut même la faire plus conforme aux désirs de Célénie qu'à ses propres sentimens. Le prestige préfectoral agissait également sur sa très-légère vanité. Célénie, à part sa position, était digne de mériter un tendre hommage : Ernest s'engagea plus avant qu'il n'eût voulu, et si un aveu bien précis, bien direct ne lui fut pas accordé, du moins il put conserver une haute espérance. Elle ne fit qu'augmenter lorsqu'avec délicatesse et passion tout à la fois, mademoiselle de Girmel lui fit présent d'un superbe œillet rouge qu'elle destina à remplacer l'étoile des braves qu'Ernest avait oublié d'attacher à son habit.

Aline dansait à quelque distance de son volage ami ; elle souffrait tous les tourmens inspirés par une naissante jalousie à un cœur qui n'a pas encore laissé échapper le secret de son amour. La position est pénible ; on doit en ce triste cas, tout renfermer en soi-même ; la

plainte est interdite; on n'a pas la con-
solation du reproche ou de la bouderie.
Elle brouillait le quadrille dont elle faisait partie; elle dérangeait les pas for-
més par Adolphe, qui, par suite, en était
intérieurement impatienté. Celui-ci, tout
entier au plaisir, savait que dans un bal
la plus importante affaire est celle de se
faire distinguer par l'élégance de la tournure et le moelleux des entrechats : la
mode des derniers était passée à Paris;
mais dans les départemens où l'on est fort
reculé pour les beaux usages, les Vestris
de salon ignoraient encore que marcher
est maintenant la danse de bon ton.
Adolphe les servait à leur manière, tout
en éprouvant quelque dépit de la conduite de sa partenaire, se promettant de
mieux choisir dorénavant sa danseuse,
sans croire pour cela que sa résolution
pouvait contrarier les idées de ses illustres parens.

La musique cessa enfin, les quadrilles se séparèrent, et les flots de spectateurs, long-temps retenus, inondèrent le milieu de la salle. Aline fut tristement s'asseoir, et, comme elle ne valsait point, elle rendit au jeune Girmel toute sa liberté. La foule qui se pressait autour d'elle ne lui laissait point voir ce que faisait le colonel; alors par degrés elle retomba dans sa première mélancolie, mais elle n'était pas oubliée dans l'instant où elle croyait l'être; l'objet de ses réflexions songeait à elle au milieu même de l'enchantement dans lequel Célénie cherchait à le retenir; il brûlait du désir de se rapprocher d'Aline et de l'engager pour la seconde contredanse. Déjà il préparait un plan de retraite qu'il allait mettre en exécution, lorsque Célénie, qui ne voulait lui laisser ni le temps d'agir ni celui de la réflexion, lui demanda d'aller quérir lui-même du lait chaud dont elle avait besoin pour humecter sa poitrine altérée ?

Le plus habile se trompe parfois dans ses calculs : la commission que mademoiselle de Girmel donnait à Valtaire, loin de resserrer sa chaîne, comme elle le croyait, lui accorda un instant propice pour suivre en liberté le mouvement intérieur de son âme ; il courut vers un valet, lui nomma Célénie, étant bien assuré que la fille de monsieur le Préfet serait servie avec promptitude, et puis, tout aussitôt, se dérobant à l'empire de la jeune coquette, il marcha vers une place qu'il brûlait de conquérir.

Aline croyait le coupable loin d'elle lorsqu'une voix bien connue vint agréablement résonner à son oreille. Ernest était à ses côtés ; Ernest sollicitait la faveur de danser avec elle lorsqu'elle n'osait plus penser qu'il pût se séparer de la triomphante Célénie. Joyeuse de ce léger succès, oubliant son chagrin, ses sombres idées, elle ne parut sensible qu'au plaisir de le voir. Tout en acceptant sa proposition, elle ne put s'empêcher de lui tenir malgré elle, le propos obligé et peu adroit que toutes les femmes piquées contre leurs amans ne manquent pas de leur adresser dans une circonstance pareille.

« Quoi ! pour songer à moi vous abandonnez une aussi aimable personne ? votre obligeance est bien grande, et je dois vous en savoir gré. »

Le léger dépit, l'ironie embarrassée qui perçait dans ces paroles, ne déplurent point à celui qui les entendit ; il devina sans peine ce qu'elles voulaient lui dire, et, charmé de son bonheur, il essaya d'entamer une explication qui pût justifier sa conduite.

— « Ah ! vraiment, s'écria-t-il, soyez certaine que ce n'est pas ma faute si, dès le début du bal, je n'ai pas réclamé l'honneur d'être votre cavalier. Par suite d'une fatalité cruelle, j'avais été contraint il y a trois jours de m'engager avec mademoiselle de Girmel. J'ai donc avec regret rempli ma tâche, et j'ai saisi la première occasion favorable pour venir vous apporter mon hommage et vous faire connaître mon désir. »

— « Je serais portée à croire ce que vous me dites, répliqua la naïve Aline, si n'était ce bel œillet que vous n'aviez point lorsque vous êtes arrivé, et qui sans doute est le symbole des couleurs que vous avez promis de revêtir. »

— « Sur ce point, dit le colonel, vous êtes complétement dans l'erreur ; je n'ai jamais aimé qu'une couleur, celle d'un ciel éclatant, image de la pureté d'une belle âme ; et elle serait la seule que je consentirais à porter. »

L'aveu ne pouvait être plus direct : Aline était habillée en bleu, et une cou-

ronné de bleuets ceignait sa blonde che-
velure. Elle n'eut garde de répondre au
discours de Valtaire; mais, si sa bouche
fut muette, le coloris répandu sur son
beau visage annonça au colonel qu'on l'a-
vait compris, et que la colère n'entrait
pour rien dans cette soudaine émotion.

Un long instant de silence s'en suivit;
il n'était pas sans charme : les yeux d'Ernest peignaient tant de sincérité que,
pour douter de leur langage, il eût fallu
plus d'usage du monde qu'Aline n'en possédait; elle était d'ailleurs à cette époque
de la vie pleine de confiance et d'aban-
don; elle ne jugeait qu'avec son cœur,
heureuse de n'être pas encore dans le cas
de juger d'après son expérience! Ces
deux amans qui ne s'étaient rien avoué,
mais qui n'avaient pas besoin de parler
pour s'entendre, demeuraient immobiles
l'un auprès de l'autre. Aline agitait son
éventail, tandis qu'Ernest dépouillait

feuille à feuille l'œillet qu'on lui avait naguère donné.

Cette délicieuse position fut interrompue par le bruit de l'orchestre qui jouait déjà les premières mesures de la valse. Ce signal, désagréable tant à Aline qu'à Ernest, rappela au dernier qu'il lui restait encore un devoir à remplir envers mademoiselle de Girmel. Ce fut en poussant un soupir qu'il revint prendre son rang auprès d'elle. La prolongation de son absence avait confondu Célénie; elle devina sans peine en quel lieu s'arrêtait le colonel, dès lors elle acquit la certitude qu'il aimait Aline; mais cette conviction ne la détourna point du dessein qu'elle voulait accomplir; elle savait d'ailleurs que

A vaincre sans péril on triomphe sans gloire.

Aline avait paru bouder quand Ernest était venu à elle; Célénie, plus profonde dans le grand art de l'intrigue, lui montra un visage riant.

« Ah! vous voilà enfin, lui dit-elle; j'ai des grâces à vous rendre pour les soins que vous vous êtes donnés; votre émissaire a témoigné un vif désir de me satisfaire, et je vous dois les meilleurs rafraîchissemens du bal. »

Elle n'en dit pas davantage, la mesure commandait de partir, et, légère comme l'hirondelle, Célénie s'élança dans le long ovale que bordaient ses nombreux admirateurs. Femmes qui voulez ne pas aimer, ne valsez pas, croyez-nous, avec un cavalier aimable; et vous, amans qui comptez la fidélité au nombre de vos devoirs, ne vous exposez pas au péril que peut faire courir le contact des trésors qu'étale une jolie valseuse. Le colonel ne tarda pas à reconnaître ce nouveau danger. Il s'était présenté avec la ferme résolution de témoigner un froid respect à mademoiselle de Girmel ; il la quitta après la valse, ivre de désirs, et engagé de nouveau avec elle. Il lui promit en outre de venir le jour suivant passer quelques heures à la préfecture ; et Aline, pour lors, était presque oubliée. Elle reprit plus tard son empire ; la vertu finit toujours par l'emporter, quand, avec le secours des grâces, elle lutte contre la coquetterie. Ainsi agité tour à tour de deux passions contraires, Ernest passa les heures rapides du bal. Nous ne rendrons point compte de tout ce qui advint durant cette mémorable soirée ; un volume entier ne suffirait pas, et nous ne pouvons abandonner ainsi Monsieur le Préfet, qui est notre plus important personnage.

CHAPITRE XIV.

LES GALANTERIES PRÉFECTORALES.

L'hiver dans un fauteuil, avec des citoyennes,
Les pieds sur les chenets étendus sans façons,
Je pousse la fleurette et conte mes raisons.

REGNARD, *le Joueur*, act. II, sc. IV.

L'AMOUR convient à la jeunesse; ses caprices, ses inquiétudes, ses charmes, ses folies, peuvent parfaitement s'allier avec les grâces, la pétulance, l'ingénuité du printemps de la vie; mais combien il devient ridicule, odieux même, lorsqu'il se montre sous la triste apparence de l'âge mûr ou de la vieillesse; rien n'est plus plaisant que la vue d'un antique Céladon. Il est dans l'existence une époque où de graves manières siéent autant par convenance que par nécessité. La thèse que nous soutenons ici était tout opposée à celle que Romeval discutait avec Monsieur le Préfet. Celui-ci, durant le cours de sa vie, avait aimé les plaisirs et de galantes distractions, qui avaient souvent causé les plaintes très-vives de madame de Girmel; et quand, avec ses intimes amies, elle entamait un pareil chapitre, la conversation ne s'achevait plus. Néanmoins, à l'époque dont nous écrivons l'histoire, il lui semblait que le calme avait succédé à l'orage, elle se flattait d'avoir opéré la conversion de son époux, et néanmoins ledit seigneur, tout en feignant d'être revenu de ses erreurs, et sans retour rangé à son devoir, lui échap-

pait quelquefois cependant, et, se passion-
nant pour une belle solliciteuse, oubliait
la fidélité si solennellement jurée au pied
de l'autel.

Au milieu du mouvement occasioné
dans le chef-lieu à cause des réformes à
faire parmi les employés de la préfecture,
plus d'un mari, plus d'un frère, avait
confié à sa femme ou à sa sœur le soin
de défendre ses intérêts auprès du magistrat. Celui-ci très-poli, mais assez sévère quand il rencontrait un visage maussade ou disgracié de la nature, devenait
fort aimable à la vue d'un minois chif-
fonné ou d'une tournure élégante et re-
marquable; alors il se montrait accessible
aux raisons qu'on lui présentait, et, de la
meilleure grâce du monde, il assurait la
conservation du frère ou de l'époux.

Au nombre de ces solliciteuses parées
des charmes de la jeunesse et de la nou-
veauté, Monsieur le Préfet, qui avait le

coup d'œil exercé, remarqua une dame
aussi jolie que prévenante; son sourire
engageant, la vivacité de ses manières,
annonçaient une âme douce et bien capable de se montrer reconnaissante du
service qu'on lui rendrait. Elle avait atteint sa vingt-cinquième année; elle fut jadis élevée dans une pension célèbre par le
laisser aller avec lequel on instruisait les
écolières. Madame Pléval y avait remporté, tout à la fois, le grand prix de la
vertu et celui de la danse; elle s'était
mariée à un Commis assez bel homme,
mais avare et dur, qui la mettait par ses
ladreries dans la position fâcheuse de
faire des dettes, comme d'avoir un ami
pour les acquitter.

En venant à l'audience de Monsieur le
Préfet, elle s'était mise en grande parure,
ne s'avouant peut-être pas à elle-même
son arrière-pensée, mais remplie d'espérance de voir terminer bientôt une dis-

cussion assez grave qui s'élevait entre elle et sa marchande de modes, au sujet d'un compte de chiffons qu'elle ne pouvait solder en ce moment. Girmel, à la vue d'une belle et gracieuse femme, crut pouvoir facilement se livrer à toute sa galanterie naturelle ; on répondit convenablement à ses propositions, néanmoins un peu de résistance servit à l'enflammer davantage ; il se montra épris et généreux, ce qui contraignit madame Pléval à paraître sensible et faible.

Monsieur le Préfet assura avoir à traiter d'une affaire importante avec la belle solliciteuse ; celle-ci, curieuse de connaître le secret qu'on voulait lui confier, accorda un rendez-vous, et afin seulement de dérouter les méchans esprits, toujours aux aguets pour donner une mauvaise tournure aux choses les plus innocentes, il fut convenu que cet entretien aurait lieu durant les ténèbres d'une profonde nuit; il y avait seulement des précautions à prendre. M. Pléval, quoique commis, était aussi fâcheux railleur qu'il était brave, de plus, jaloux outre mesure, malgré la démarche que la nécessité l'avait contraint de laisser faire à sa femme, et par suite très-capable de punir, sans égard pour le rang, le téméraire qui serait parvenu à chasser sur ses terres. Hélas! les époux de cette trempe sont presque toujours les plus positivement trompés, nous allons en donner la preuve.

D'une autre part, la prudence de Monsieur le Préfet était admirable; il n'eût voulu à aucun prix opter entre sa vie et un coup d'épée, si bien que, pour tout concilier, madame Pléval et lui se promirent d'attendre la première occasion favorable. Elle ne tarda pas à se présenter. Pléval aimait les fleurs, et, aux portes de la ville, il avait acquis un jardin où souvent il allait coucher, après la

sortie du bureau, le samedi pour en revenir le lundi matin. Ce jour heureux
luisit qui devait contenter l'impatiènce
du couple tendre et délicat. L'employé
part à l'heure accoutumée; il devait pré-
sider à la plantation d'une allée de pom-
miers dont il ornait une partie de son
jardin, et certes rien au monde ne l'eût
retenu ce soir-là dans la ville.

Cette circonstance parut merveilleuse
à la dame, elle crut devoir en profiter, et
un billet avertit le magistrat que l'étoile
du berger allait bientôt se lever pour lui.
Ivre de joie, il refuse d'écouter un groupe de ses administrés qui voulaient lui
parler; il interrompt un travail pressé
concernant les hospices, afin de pouvoir
mieux se préparer au bonheur qui l'attend; il se pare, il s'attiffe, car en général il négligeait les soins de la propreté,
et, suivi d'un laquais, ordinaire confident
de ses bonnes fortunes, il sort furtive-

ment de la préfecture par une porte du jardin, enveloppé qu'il était dans un vaste manteau brun dont il ne se servait que pour ces sortes d'entrevues. Arrivé vis-à-vis la maison de madame Pléval, il laisse son valet à une certaine distance, puis, le cœur palpitant d'ivresse amoureuse, il va gratter doucement à une petite porte qui lui avait été désignée; la belle, prudente, vint l'ouvrir elle-même, tant elle jugeait le mystère indispensable ; elle prit Monsieur le Préfet par la main, et le fit entrer dans la chambre conjugale.

Ici nous sommes très-embarrassés pour raconter certains détails à peu près indispensables à l'intelligence de l'histoire. Nous redoutons, avec juste raison, de tourmenter la pudeur si aimable de nos lectrices, toutes, nous sommes certains, étrangères à ces odieuses intrigues : elles seront par conséquent très-alarmées de notre récit. Cependant il convient de le poursuivre ; nous chercherons à le voiler de notre mieux, ne voulant amener sur aucun charmant visage la rougeur de la vertu indignée ou d'un souvenir importun. Monsieur le Préfet, à la vue des appas qui lui étaient montrés, fut tout à coup saisi d'un tel éblouissement, que, se sentant défaillir, il dut se mettre sur le lit de la dame, peut-être même ded....., et...... La nuit était orageuse ; la pluie, ordinairement si favorable aux rendez-vous, tombait à torrens. Minuit venait de sonner ; le calme régnait dans la maison, lorsque tout à coup un incident affreux change l'état des choses ; le marteau de la porte extérieure est violemment agité, et les coups pressés dont il fait retentir la rue, annoncent le retour du maître que le démon a sans doute ramené.

Madame Pléval, ouïssant ce bruit malencontreux, s'écrie avec épouvante : « C'est mon mari ! » Et oui vraiment, c'était lui-même. L'orage dont les amans s'applaudissaient, avait ordonné son retour; la terre était trop mouillée pour qu'on pût lui confier la nouvelle plantation dont nous avons parlé plus haut; dans le dépit que lui occasionait ce contre-temps, M. Pléval avait fait un coup de tête, et, remontant sur son cheval de réforme, il était revenu chez lui en gromelant contre la tempête, le vent et le reste de la nature. On peut imaginer la terreur dont le couple amoureux fut atteint. La dame craignait beaucoup que son mari n'eût l'esprit assez mal fait pour trouver étrange que Monsieur le Préfet fût chez lui aussi tard en visite. Elle perd la carte au moment où le sang-froid eût été le plus nécessaire; elle oublie la ressource de l'escalier dérobé, fait lever le magistrat tout tremblant, le pousse vers une des croisées de la chambre qu'elle ouvre, enferme sur un balcon le malheureux mortel, assis mal à son aise, et de plus en très-léger costume de nuit, lui jurant néanmoins, pour le consoler, qu'elle ne tardera pas à le délivrer de cette prison nouvelle.

Elle espérait que son époux, après une visite momentanée, irait chercher le repos dans sa chambre particulière; dans cette pensée, elle se replace où elle devait être, et attend, non sans émotion, la venue du maître du logis. Il fallut un peu de temps avant que la servante se fût levée, et eût été lui ouvrir la porte. Il s'arrêta encore dans l'écurie pour donner les premiers soins à son cheval; enfin le voilà chez sa tendre moitié. Il lui conte d'abord sa mésaventure, puis, sans vouloir faire attention à la migraine dont la dame se plaint, il se dépouille de ses vêtemens, et, crac, voilà le poste occupé. Comme sa fatigue était grande, il ne tarda pas à s'endormir; mais il avait le sommeil très-léger, et le moindre mouvement, à une heure aussi indue, pouvait le réveiller et lui donner de fâcheux soupçons. Mesdames, figurez-vous la position de madame Pléval ; n'était-elle pas à plaindre ? N'était-ce pas là un de ces coups cruels du sort qui viennent se jeter au travers de la plus heureuse aventure ?

Certainement Monsieur le Préfet ne se trouvait pas non plus à son aise. Passer une des plus vilaines nuits du mois de septembre en sentinelle forcée sur un balcon, être exposé à une pluie fine qui ne pénétrait que mieux, n'avoir pour tout vêtement supérieur qu'une belle perkale, n'était pas une position très-agréable ; les suites surtout paraissaient devènir encore plus malencontreuses. Il fallait néanmoins prendre un parti ; quelques citoyens, une patrouille même pouvaient venir à passer, il eût été pénible, pour le premier magistrat du département, d'être d'abord ar-

rêté comme voleur de nuit, et puis ramené dans sa demeure en grande pompe,
après la reconnaissance qui se ferait de
lui. Girmel, maugréant de toute son âme,
et se promettant de ne plus se fourrer
en de semblables tracas; voyant d'ailleurs
que la dame ne venait pas à son secours,
jugea que de lui seul il devait attendre sa
délivrance; en conséquence, il vérifia la
topographie des lieux pour bien apprécier ce qu'il avait à faire.

L'élévation du balcon ne permettait
point qu'on pût descendre dans la rue;
mais, à l'angle de la maison, il tournait sur
une autre façade bâtie au milieu d'un assez grand jardin; dans un coin touchant
aux deux murailles, était un immense cabinet de verdure, garni de treillages de bois
peints en vert. Ce fut par ce côté accessible
que Monsieur le Préfet se détermina à effectuer sa retraite, recommandant son âme
au ciel, qui, certes, n'en avait que faire.

Il passe par-dessus la balustrade du balcon, se glisse le long des ornemens en fer
qui la décorent, puis, se balançant sur
ses mains accrochées à une barre dorée,
il cherche plus bas un point d'appui à ses
pieds; ce n'est point sans peine qu'enfin
il le trouve au plus haut du dôme du cabinet; alors, se croyant sauvé, il aban-
donne la barre qui le retenait encore, et
se livre, non sans palpitation de cœur, à
sa destinée. Elle ne lui fut pas favorable;
le treillage était vieux, et même à demi
pouri, un Préfet d'ailleurs est un homme
de poids; si bien que le cabinet fléchit
sous le fonctionnaire, croule bientôt avec
lui, l'ensevelissant sous une énorme masse
de roses, de chèvre-feuilles, qui, tout en
adoucissant la rapidité de sa chute, ne
laissent pas que de l'égratigner d'une
cruelle façon.

Monsieur le Préfet se crut mort à l'instant où il se sentit entraîner par le cabi-

net démoli, ou tout au moins dangereusement blessé. Déjà il s'imaginait que tous ses membres étaient rompus et fracassés en mille endroits, et d'une voix piteuse il allait implorer du secours, n'importe de qui, lorsqu'une réflexion subite l'arrêta, et lui fit apprécier le désavantage de sa position, les scènes qu'elle occasionerait si elle venait à être connue; et peut-être même le ministère, qui est très-chaste comme chacun sait, ne voudrait pas laisser plus long-temps en place un magistrat capable de donner de si mauvais exemples. Avant donc de se plaindre, il essaya de reconnaître s'il était blessé : la chose, par bonheur, ne fut pas, et son allégresse en devint grande. Sortant par degrés de son étourdissement, il chercha à se dépêtrer de l'espèce de filet dans lequel il était pris ; il y parvint, non sans y laisser quelques lambeaux de sa peau, de sa chemise et de son vêtement néces saire. Mais enfin le voilà sur les pieds, il peut poursuivre sa course, et mettre fin à cette malencontreuse aventure.

En parcourant les allées du jardin il fit la trouvaille fortunée d'une échelle, dont il se hâta de s'emparer : il la porta contre la muraille, et déjà se disposait à monter, lorsqu'un gros dogue, très-méchant animal, qui dormait dans la hutte à quelques pas de là, étant réveillé par le bruit, accourut en grondant vers Monsieur le Préfet, lui témoignant des dispositions passablement hostiles. La terreur renouvelée par le nouveau danger, doubla l'activité de Girmel : il parvint à gagner le haut de l'échelle, tandis que le chien hurlait en bas ; puis la ramenant à lui, après s'être assis à califourchon sur le dos de la muraille, il la descendit du côté de la rue, et prit lui-même ce pareil chemin. Son domestique avait vu rentrer le mari, et était très-inquiet sur le compte de son maître : il courait çà et là, prêtant l'oreille, afin d'agir suivant que la circonstance l'exigerait. Il fut très-joyeux de le voir sain et sauf venir à lui, et se hâta de jeter sur son dos le manteau qu'il portait, et dont le magistrat avait bon besoin.

Girmel, accablé de sa mésavanture, n'ayant pas le courage de dire un mot à son confident, regagnait furieux l'hôtel de la Préfecture, lorsqu'au détour de la prochaine rue la lueur subite de trois falots, venant éclairer son visage, le fit reconnaître à la fois par madame de Tersac, le baron de Lanol, et le vicomte de Courtmartel, qui venaient de passer la soirée chez la famille de Mertange. A l'aspect de Monsieur le Préfet, une triple exclamation le salua, et porta un peu plus le désespoir dans son âme. Éviter le trio n'était pas possible; d'ailleurs il y avait à craindre sa curiosité. Force donc

fut au désolé Girmel de prendre un air
riant, et de soutenir avec courage l'attaque qu'on lui préparait.

— « Eh! bon soir, Monsieur le Préfet,
s'écria madame de Tersac ; d'où pouviez-
vous venir à cette heure ? est-ce madame
Robert ? est-ce M. le receveur général
qui ont eu le bonheur de vous posséder ?
En vérité, si je ne connaissais pas vos
principes, je vous soupçonnerais......;
mais cela ne peut-être. »

— « Et certainement cela n'est pas,
dit le conseiller de préfecture. Monsieur
le Préfet, toujours zélé pour le service
public, après avoir donné tout le jour
au travail du cabinet, consacre une portion de la nuit à veiller par lui-même au
maintien du bon ordre, à la police particulière de la ville. Assurément dès de-
main nos trois journaux rendront compte
de ce zèle extraordinaire. »

— « Ne prenez pas ce soin, dit le baron de Lanol d'un ton dont Girmel ne lui tint aucun compte : Monsieur le Préfet ne veut point que ses bonnes actions soient dévoilées ; et seulement d'en être soupçonné, le fait pâlir et trembler d'une étrange manière. »

— « Je ne pense pas comme vous, monsieur, reprit Courtmartel : il faut que le bien soit connu ; il se fait si rarement, et il est si beau de donner de tels exemples. »

Pendant ce colloque, le fonctionnaire était au supplice ; il souffrait tout à la fois et dans son âme et dans son corps. Il avait un besoin extrême d'aller gagner son lit, et par une fausse honte n'osait pas néanmoins prendre sur lui de brusquer la compagnie, et demeurait dans cette fausse position, qui est toujours si désagréable. Madame de Tersac ne s'en apercevait pas : elle pensait quelque peu comme le conseiller de préfecture, son instinct ordinaire de malignité la trompant dans cette circonstance.

— « Monsieur le Préfet, dit-elle, vous êtes un être très-précieux pour vos administrés; ils peuvent dormir en toute assurance, lorsque vous veillez à leur sûreté. »

— « Oui, poursuivit le baron avec un son de voix emphatique, la vertu, l'innocence, la pudeur conjugale, l'honneur des familles sont en sûreté avec notre supérieur. Il ne permettrait pas que des coupables amours abusassent du calme de la nuit. Que d'actions de grâces n'avons-nous pas à lui rendre! »

Il y avait toujours quelque chose de persifleur et d'amer dans tout ce que disait M. de Lanol; et Girmel, mieux que personne, pouvait en faire l'application. Tout effaré encore de la mésaventure, il n'avait pas ouvert la bouche, et semblait attendre qu'on lui signifiât son arrêt, ou qu'on le lâchât à la fin. Un pressentiment intérieur lui disait même qu'il n'était pas au bout des désagrémens qu'il devait éprouver durant cette nuit fatale : il voulut enfin prononcer une phrase dont le complément devait amener le signal de la retraite, lorsque le domestique du baron qui, s'étant lassé d'attendre son maître tandis que la pluie tombait sur son dos, avait continué sa route pour faire un prudent exercice, revint sur ses pas en criant comme un enragé :

— « Au secours ! au secours ! voilà des voleurs qui sont dans la maison de M. Pléval, car une échelle est placée dans la rue, contre la muraille de son jardin. »

Cette clameur retentit douloureusement dans le cœur de Girmel, et parut lui donner le coup de grâce.

« Des voleurs! s'écria M. de Lanol. —
Des voleurs! poursuivit M. Courtmartel.
—, Des voleurs! dut ajouter Monsieur
le Préfet, en feignant une surprise trom-
peuse. — O ciel! des voleurs! répéta
madame de Tersac. Ah! messieurs, ne
m'abandonnez pas, et faisons venir la
garde.

— «Voici le moment de nous montrer,
dit le conseiller de préfecture avec enthousiasme. Il est très-heureux que Monsieur le Préfet et moi nous nous rencon-
trions ici : on verra de quelle manière
lui et moi nous faisons notre devoir. Mar-
chons où le devoir nous appelle. Sauvons
la fortune d'un de nos compatriotes. » Le
vicomte n'eût pas voulu dire d'un de nos
concitoyens. Lanol, sans l'écouter, avait
couru vers le lieu désigné par son domestique, et déjà il faisait un bruit affreux à la porte de la maison, pour
éveiller ceux qui se laissaient dérober.

En un moment, tout le quartier fut sur
pied; la gendarmerie et un piquet d'in-
fanterie, qu'un des valets avait été
chercher, accoururent, et s'emparèrent
de toutes les issues.

Cependant Pléval, dérangé de son
sommeil, paraît sur le balcon, une lampe
à la main, demandant la cause de ce ta-
page. Sa chaste épouse venait après lui,
dans un grand désordre, et plus qu'à
demi morte d'épouvante, car elle se
doutait qui était le voleur, et elle redoutait qu'on ne l'eût saisi. Pléval, en parcourant le balcon, s'aperçoit de la chute
du cabinet de treillage, et voilà qu'il
publie hautement le nouveau méfait. On
entre dans la maison, et tout à coup la
dame et le Préfet se trouvent en présence : la première jette un cri que l'effroi lui arrache.

— « Rassurez-vous, madame, lui dit
Girmel; nous sommes tous ici pour vous

défendre. » Ce peu de mots calment l'agitation de celle qui les ouït. Elle n'ose demander une explication qui serait dangereuse : elle feint alors de s'évanouir, pour avoir le temps de reprendre quelque contenance ; et madame de Tersac, n'ayant rien de mieux à faire, l'imite tout aussitôt, très-irritée qu'une bourgeoise l'eût devancée. Durant les soins donnés aux dames, les recherches furent continuées ; elles n'amenèrent aucun résultat. Les voleurs avaient disparu, mais leur attaque passa pour certaine. Toute la gloire de cette nuit appartint au Préfet, dont mille voix vantèrent la vigilance. Un gros rhume désenchanta un peu son triomphe, également empoisonné plus tard par de sourdes rumeurs, qui à peu près racontaient la vérité : elle ne fut pourtant pas entièrement connue. De tels contre-temps refroidirent Girmel pour la dame : il cessa de s'occuper d'elle, mais ne renonça

pas à l'amour. Il lui fallait une plus sévère leçon, c'est-à-dire plus éclatante.
Nous en dirons un mot à nos lecteurs
dans le chapitre suivant.

CHAPITRE XV.

L'AMI DU PRINCE.

Il eut l'emploi, qui certes n'est pas mince,
Et qu'à la cour, où l'on voit tout en beau,
Nous appelons être l'ami du prince.

VOLTAIRE.

LA soirée donnée par le receveur général avait réuni, comme nous l'avons dit, une société nombreuse : parmi les femmes qui la composaient, deux principalement étaient remarquées par les charmes de leurs attraits et les agrémens de leur esprit. On nommait l'une madame de Verseil, et l'autre madame Noris. Elles avaient passé hors de France leur première jeunesse; leur père d'abord, leurs époux ensuite, employés dans les armées, n'avaient pu rejoindre le sol natal qu'à la paix générale. Elles aimaient le bal, c'était la conséquence de leur âge. On s'empressait à former autour d'elles un cercle assidu d'admirateurs; c'était le tribut qu'on payait à leur beauté : mais, tranquilles au milieu des passions qu'elles pouvaient inspirer, nul sentiment dangereux à leur repos ne les avait encore détournées du chemin de la prudence, et par conséquent du bonheur.

Monsieur le Préfet, escorté de Romeval, toujours son confident assidu, qui semblait remplir près de lui les fonctions de grand-chambellan, au dire du baron de Lanol, se promenait au milieu du salon, jetant çà et là un regard tantôt curieux, tantôt dignement protecteur; il esquivait de son mieux ces indiscrets personnages qui ont la manie de poursuivre de leurs sollicitations les magistrats dans les lieux où *les affaires sérieuses* devraient être oubliées, sans se rappeler les paroles du Thébain Archias. M. de Girmel parfois disait un mot flatteur au maître de la maison; cherchait avec affectation à paraître empressé auprès de certaine marquise qui revenait de Paris, où elle avait eu l'honneur d'être présentée aux princesses du sang; ici il souriait familièrement à ses affidés, et plus loin il recevait avec sérénité la triple salutation d'un maire de campagne.

Cependant son regard amateur errait sur une double ligne de nouvelles mariées et de jeunes personnes, en général toutes jolies, ou qui du moins suppléaient à la beauté par l'élégance et le goût de la parure. Au moment où, avec le plus de soin, il examinait les groupes charmans des danseuses, madame de Verseil, venant à se lever de sa place pour aller à la contredanse, fixa soudain son attention.

« Ah! mon cher, dit-il à Romeval, en lui serrant le bras avec force, voilà une femme délicieuse et que je ne connaissais pas; qui est-elle? »

Romeval, charmé d'une pareille question, qui le remettait presque en pied dans son emploi ordinaire, lui conta de point en point l'histoire de madame de Verseil. Son père, ancien inspecteur aux revues, avait été mis à la retraite lors de la réorganisation de ce corps; son mari, commissaire des guerres lorsqu'elle l'avait épousé en Saxe, était aujourd'hui sous-intendant militaire dans le chef-lieu d'un département voisin; et c'était chez son père qu'elle se trouvait maintenant. Il termina sa narration par offrir à l'administrateur de le présenter à la belle sous-intendante. Romeval jouissait; il revenait dans son élément.

Timide comme le pécheur qui a la conscience de sa faute, craignant de faire d'abord trop connaître ce qu'il éprouvait, Monsieur le Préfet, avant d'accepter la proposition du chef de la gendarmerie, jeta autour de lui un regard scrutateur qui le rassura. Madame de Girmel faisait un wisk avec le vicomte de Courtmartel, le Directeur des domaines et le Payeur de département; elle perdait plusieurs fiches, et par conséquent, d'assez mauvaise humeur, elle songeait plus à son jeu qu'à surveiller la conduite de son époux. Celui-ci alors suivit son conducteur, qui, s'approchant de la jeune beauté, eut l'air, en lui annonçant Monsieur le Préfet, moins de faire une chose agréable au ma-

gistrat qu'honorable pour la dame. Sa
gaucherie néanmoins ne gâta rien ; Girmel fut reçu comme il l'était en toute
circonstance : on écouta de bonne grâce
ses galanteries. Elles étaient un peu anti-
ques ; mais madame de Verseil aimait à
s'instruire, elle ne fut pas fâchée d'apprendre comment on traitait ce point
avant 1789 et durant le gros temps de la
révolution. Chacun se trompe dans sa
propre cause ; dès lors on ne sera pas
surpris d'apprendre que Monsieur le Préfet quitta, un quart d'heure après,
l'objet de sa nouvelle passion, très-satis-
fait des espérances qu'il pouvait former
pour l'avenir. Il eût resté plus long-temps
sans doute auprès d'elle ; mais madame
de Girmel, qui avait perdu les trois Rob-
bers, était furieuse de son malheur, et,
sans vouloir écouter ni les supplications
de sa fille, ni les insinuations de son
époux, elle donna le signal du départ,

auquel il fallut obéir. « Mon ami, dit l'administrateur à Romeval, en s'éloignant, je vous recommande le soin de mes intérêts. »

Romeval n'avait garde de les négliger; il voyait en les servant une foule d'avantages. Il savait quel ascendant un *ami du prince* peut prendre sur celui-ci; dès lors il regarda la préfecture comme sa maison, et la table de M. de Girmel comme une dépendance de son office. Dès le premier début cependant, il ne crut pas devoir expliquer avec clarté, à madame de Verseil, ce que plus tard on attendrait d'elle : il lui suffit d'abord de faire l'éloge des excellentes qualités de Monsieur le Préfet ; il chercha à faire apercevoir combien son intimité pouvait être utile à l'ambition et à l'amour des plaisirs.

Le lendemain de cette célèbre soirée, Romeval se rendit de bonne heure chez *son ami*. Celui-ci, l'attendant avec impatience, s'était levé plus tôt qu'à l'ordinaire, et tandis que ses gens repoussaient les administrés de son cabinet, sous prétexte de son occupation pour la chose publique, il rimait à lui seul un madrigal destiné à madame de Verseil. Nous ne rapporterons pas cette pièce de poésie; ceux qui seraient curieux de la connaître la retrouveront dans toutes celles où l'on compare une belle *à une rose à peine éclose*, et dont l'auteur veut être *le zéphir*, pour satisfaire son *désir*. L'œuvre du magistrat valait peut-être les madrigaux de tant d'autres poëtes; nul donc ne s'étonnera que Romeval en parut enchanté : il eût applaudi tout ce qu'on eût voulu, même les vers du sieur de La Bou...

« Donnez, donnez-moi, je vous en supplie, ce petit chef-d'œuvre, dit le gendarme avec enthousiasme ; il faut le montrer à celle qui l'a inspiré : elle avait déjà une haute estime de votre mérite, le titre de votre Muse la transportera. »

Malgré les flatteries de Romeval et les secrets applaudissemens de l'amour-propre, Girmel redoutait de lâcher son madrigal. Un pressentiment confus lui laissait apercevoir le danger qui pourrait être le résultat d'une déclaration trop précipitée, si jamais surtout, elle venait aux oreilles de *madame la Préfette*, singulièrement chatouilleuse sur ce qui pouvait tendre à diminuer son influence dans l'intérieur comme au dehors. Mais que la raison est faible contre l'amour naissant! elle eut beau crier, Romeval fit plus de bruit qu'elle, et le madrigal fut abandonné.

Triomphant de posséder une preuve semblable de confiance à son égard, le Chef de la gendarmerie, dans l'après-dînée de ce même jour, passa chez madame de Verseil, impatient de jouer son rôle, et, comme il disait, de battre le fer lorsqu'il était chaud. Il fut reçu : la dame était seule ; jamais ne fut plus favorable occasion. Il débuta, à la suite des premiers complimens, par lui vanter la perfection d'une petite pièce de vers qu'un de ses amis venait de lui remettre, et qui était adressée à la plus jolie femme du chef-lieu. Le titre donné à l'héroïne inconnue déplut tout aussitôt à madame de Verseil ; elle prit le madrigal, le lut avec inattention, puis, rendant le papier : « Elle est bien, dit-elle, cette pièce légère, on pourrait néanmoins faire mieux ; elle flattera cependant celle qui l'a inspirée ; c'est assez la règle. »

— « Le croyez-vous, madame ? »

— « Hélas ! monsieur, un hommage ne déplaît jamais. »

Romeval alors, lui redonnant l'écrit, ajouta, avec un ton de mystère bien propre à piquer la curiosité : « Veuillez donc

tourner la feuille et lire le nom de l'aimable beauté. »

— « C'est moi! Qui? moi! Ah! monsieur Romeval, à qui dois-je cette aimable attention? Ils sont très-jolis ces vers!
On en connaît mieux le mérite en les re-
lisant une seconde fois. »

Charmé de tout ce que promettaient ces
paroles, Romeval ne chercha pas à dérober le nom du bienheureux auteur : il
désigna M. le Préfet; il insista sur l'éclat
d'un tel hommage. Madame de Verseil,
surprise de ce qu'on lui disait, et confon-
due en connaissant le rôle qu'un militaire
de haut grade consentait à jouer, demeura quelque temps incertaine du ton
qu'elle devait prendre pour exprimer
ce que tout cela lui faisait penser. La
prudence lui conseillait de ne pas montrer l'importance qu'elle attachait à une
pareille insulte, et son mépris pour le
piêtre ambassadeur ; elle se contenta de

tourner en plaisanterie et l'hommage et les discours de Romeval; et, par un fin persifflage, elle crut pouvoir punir celui-ci. Ce fut une peine perdue; *l'ami du prince* n'en savait pas tant, et n'en poursuivait pas moins avec chaleur sa négociation.

« Allons, madame, disait-il, ne soyez point si cruelle; on ne vous demande aujourd'hui qu'un peu de complaisance, quelque douceur à écouter des soupirs qui ne peuvent être condamnables. Vous serez l'intermédiaire des faveurs que peut répandre un Préfet sur ce pays; il en aimera davantage les citoyens, et, sans vous faire aucun tort, vous assurerez le bien de notre département. » (*Historique.*)

Plus Romeval parlait, plus madame de Verseil était embarrassée pour faire enfin comprendre à ce Mercure à cheveux blancs combien elle trouvait sa conduite odieuse, lorsque la venue du baron de

Lanol termina d'indécentes importunités. Ce gentilhomme était, aux yeux du gendarme, un véritable épouvantail; celui-ci ne pouvait le souffrir, à cause des railleries piquantes dont cent fois il l'avait frappé. Vainement, pour se venger à sa manière, Romeval avait cherché à l'atteindre plus sérieusement : le baron était inattaquable. Lanol, après sa rentrée de l'émigration, qu'il avait effectuée par ordre du roi, refusa sous l'empire une clef de chambellan et une place de conseiller d'état. A la restauration, il arbora l'un des premiers la cocarde blanche; il avait fait en outre, en 1815, ce qu'on appelait le voyage sentimental de Gand; c'est-à-dire que toujours fidèle à ce qu'il avait promis, il ne balança point à sacrifier l'intérêt de sa fortune à ce lui de son devoir.

Les malices de Romeval ne pouvaient atteindre un pareil personnage, homme d'honneur et de probité, qui marquait d'ailleurs par de hautes connaissances, auquel on ne reprochait dans le monde qu'une malheureuse propension vers la raillerie, qui ne lui faisait rien épargner. A sa présence, Romeval trembla malgré lui; toute son assurance l'abandonna; il se détermina même à effectuer une prompte retraite, satisfait néanmoins des bonnes nouvelles qu'il se flattait d'apporter à son commettant.

A peine fut-il parti : « Ne suis-je pas venu en inconvénient véritable? dit le baron à madame de Verseil. Il me semble que notre chef de la gendarmerie causait avec feu lorsque je suis entré : c'eût été mal à moi de l'interrompre au milieu des amabilités qu'il vous débitait sans doute. »

— « Votre apparition, répondit la dame, a pour moi été un bienfait; elle m'a délivrée d'un vil personnage. Romeval m'entretenait, en effet, d'une tendre passion, mais il ne s'agissait pas de la sienne. »

— « Oh! bien, cela ne m'étonne point; le bon seigneur n'en fait jamais d'autres. Il paraît qu'il n'est pas en fonds pour cette sorte de péché, et qu'il ne peut rien par lui-même; mais, chancelier ordinaire de ceux qui doivent ailleurs l'obliger, il aime volontiers à jouer le rôle d'*ami du prince*; je me trompe, c'est du Préfet que je veux dire. »

— « Voilà, par exemple, une supposition!..... »

— « Supposition! nenni, madame; je ne suppose pas ce qui est certain. Hier au soir, M. Girmel causa long-temps avec lui chez le receveur général, et tous deux vous regardaient avec l'attention que méritent vos grâces. J'arrive ici; Romeval s'y trouve : vous avouez que la galanterie était son texte; il ne peut-être question de la sienne ni de son amour, ces êtres-

là sont de l'espèce de ceux qui gardent
les sultanes du harem impérial : il était
donc auprès de vous l'émissaire de la tendresse préfectorale. Je croirais peut-être
me tromper, si votre aimable rougeur et
ce joli papier si galamment plié, sur lequel mon regard indiscret a lu votre
nom, a reconnu la main qui le traça, ne
rendaient mes conjectures positives. »

— « Ce serait en vain, baron, qu'on
prétendrait dérober la connaissance de
ce que vous devinez à merveille ; je dois
vous faire l'aveu de ce qui vient de se
passer. J'ai besoin de vos conseils ; vous
les accorderez à l'amitié que vous portez
à toute ma famille. »

Alors madame de Verseil lui raconta
dans les moindres détails toute son entre-
vue avec le gendarme, et termina son récit par lui donner à lire le madrigal de
Monsieur le Préfet.

« Comment donc ! s'écria Lanol, en

parcourant cette déclaration poétique, voilà des vers qui valent ceux de ses poëmes et de ses opéras. Il n'a pas, en faveur de l'administration, renoncé au commerce des chastes déesses; je ne puis dès lors m'étonner qu'il vous ait placée dans leur nombre. Mais, à part la justice qu'il vous a rendue, il est nécessaire de régler votre conduite à son égard, et, sur ce point, écouterez-vous mes avis? »

— « Il me semblait vous les avoir demandés à l'avance. »

— « Je suis l'ami de votre père, celui de Verseil, et le vôtre, madame; il me convient de le prouver maintenant. Vous deviez quitter la ville sous peu de jours pour revenir auprès de votre époux ; avancez l'époque de ce voyage. Une femme qui veut être estimée ne peut impunément, pour sa réputation, recevoir, même avec dédain, les hommages d'un fonctionnaire élevé. Tranquille dans ses idées, elle croit qu'on ne soupçonnera pas sa vertu, et le monde la jugera seulement sur les apparences. Le vil honneur qu'elle repousse est envié et sera sollicité même par d'indignes rivales, qui seront furieuses du triomphe dont vous ne voudriez pas. Vainement espéreriez-vous couvrir d'un voile la turpitude de cette intrigue; il suffirait, pour la rendre éclatante, qu'on vît ce Romeval vous importuner trop souvent de son odieuse présence. Le masque est connu; on sait que son faux visage vaut mieux encore que l'âme cachée par-dessous. Abandonnez-moi le soin de votre vengeance; il suffira, pour la rendre complète, de renvoyer le beau madrigal, non à son auteur, mais au noble facteur de la poste secrète de ce dernier. »

Madame de Verseil joignait à ses nombreuses qualités, celle tant précieuse de savoir démêler le bon ou le mauvais de tout ce qu'on lui disait; elle reconnut que le baron lui tenait le langage de la sagesse, et ne voulut pas tarder à exécuter le conseil qu'il lui donnait : elle n'hésita pas à se séparer de son père le lendemain même, sous un spécieux prétexte, et à revenir auprès de son époux.

« N'oubliez pas, dit-elle au baron, à l'instant où elle montait en voiture, de punir l'insolent qui a cru me séduire dans l'intérêt d'autrui. »

— « Tranquillisez-vous sur ce point, il est en bonnes mains; je vous réponds de la confusion du personnage. »

[illegible] [illegible] [illegible]

[illegible] [illegible] [illegible] [illegible]
[illegible] of [illegible] [illegible] and [illegible]
[illegible] [illegible] [illegible]
[illegible] [illegible] [illegible] they [illegible]
and [illegible] [illegible] [illegible]
[illegible] [illegible] [illegible]
[illegible] the [illegible] [illegible] Year
[illegible] [illegible] [illegible]
[illegible] [illegible] [illegible] [illegible]
[illegible] [illegible] [illegible]
[illegible] [illegible]
[illegible] [illegible] [illegible]
[illegible] [illegible] [illegible]
[illegible] [illegible] [illegible] [illegible]

CHAPITRE XVI.

LE MADRIGAL ET LA JALOUSIE.

Je m'étais déjà douté de la chose à quelques
mots qui lui sont échappés..... Ah! perfide
Tatillon.

PICARD, *les Tracass.* act. IV, sc. XII.

MONSIEUR le Préfet , agréablement
bercé dans ses illusions amoureuses , par
le récit de son confident, n'avait aucun
soupçon du départ de madame de Verseil; il croyait, le soir même du jour où
elle était partie, la voir paraître à cha-

que instant dans le salon de la préfecture,
lorsqu'au lieu de la dame de ses pensées,
il entendit annoncer le baron de Lanol.
Celui-ci entra tout aussitôt, et, d'un air
très-réjoui, salua la compagnie.

« Voilà le baron bien gai, dit madame
de Tersac; je gagerais qu'il prépare quelque malice, ou qu'il a quelque méfait à
punir. Son air est triomphant, et le cher
seigneur nous est connu. »

Lanol, en effet, avait son rôle à jouer ;
mais, pour briller davantage, il attendait
que les acteurs et les spectateurs de la
scène fussent placés convenablement. Il
y a, comme on sait, vaguant sans cesse
dans l'espace, certains démons toujours
aux aguets pour mettre en présence
ceux dont la rencontre doit amener du
trouble et de la confusion : un de ces lu-
tins maudits devait faire sans doute, en
ce moment, son quart de garde à la préfecture, puisqu'on vit tout à coup ras-

semblés, du même côté, madame Romeval, assise à une table de boston ;
monsieur son époux, qui, d'un air de très-
maussade humeur, dénouait les cordons
de sa bourse pour lui donner quelques
pièces de monnaie qu'elle venait de lui
demander; Girmel, qui, dans l'élan de
sa tendresse impatiente, ne pouvait se
séparer de son Mercure; deux ou trois
bénévoles assistans; ceux qui jouaient
avec la femme du gendarme; et le baron
de Lanol enfin, l'œil au guet, et qui,
prompt comme l'éclair, s'avança pour
profiter de la circonstance.

« Monsieur, dit-il, en s'adressant à
Romeval, je viens de quitter madame de
Verseil au moment où elle partait pour
aller rejoindre son mari, et elle m'a
chargé de vous remettre ce papier. »

En parlant ainsi il tendait vers Romeval un paquet très-léger et soigneusement
recouvert d'une enveloppe.

L'annonce imprévue du départ de madame de Verseil fut un coup de foudre pour les deux conjurés, surtout pour le confident de Girmel, qui, comme lui, n'ayant pas été ambassadeur, était moins en état de dissimuler sa surprise ; elle éclata à un tel point sur son visage, que le baron ajouta, toujours du ton le plus sérieux : « Ce billet vous apprendra peut-être la cause de ce prompt départ qui a l'air de vous confondre. Heureux mortel ! vous avez occupé les derniers instans que cette belle a passés parmi nous. »

— « Je suis également curieuse, dit madame Romeval, qui depuis long-temps avait certains reproches à faire à son époux, de connaître ce que vous veut cette dame. J'ignorais les rapports que vous aviez ensemble, et vraiment...

— « Eh ! mon Dieu ! ma chère, répliqua le chef de la gendarmerie, qui redoutait sa moitié, dont il pouvait, depuis trente ans, apprécier le violent caractère, faudra-t-il toujours vous laisser prendre aux plaisanteries de monsieur ? Madame de Verseil a un filleul qu'elle désire placer parmi mes cavaliers, et très-certainement c'est pour lui qu'elle a voulu m'écrire. »

— « Voyons, voyons toujours, monsieur, la lettre, qui nous instruira bien mieux que vos conjectures. »

— « On croirait, madame, dit alors le baron, que vous formez des doutes sur la constance de M. Romeval; il peut sur-le-champ détruire des soupçons qui l'affligent. Lorsqu'il tient la lettre de Zaïre, gardez-vous de copier Orosmane; songez que le sultan accusait à tort son amante. »

Pendant ce colloque, Monsieur le Préfet était sur des épines : il lui tardait de connaître ce que la lettre renfermait. Imaginant d'ailleurs faire un coup de maître, en accourant à la défense de son Séide fortement embarrassé, il prit l'écrit des mains de Romeval.

« Ce sera moi, dit-il, qui, avec l'assentiment de monsieur, ouvrirai cette lettre mystérieuse. S'il y a des secrets, je les respecterai, me réservant seulement le droit de mettre madame Romeval dans la confidence. »

Ses doigts empressés rompent aussitôt le cachet, l'enveloppe est déchirée, et en même temps un joli petit papier parfumé, vigneté, s'échappe, glisse, tombe sur la table de boston, précisément vis-à-vis madame Romeval.

Il eût fallu, pour respecter cette missive tant élégante, plus de retenue que n'en possédait la dame; plus leste que l'angora qui saute sur une souris, elle s'en saisit et l'ouvre avant que son mari ou Monsieur le Préfet ait pu y mettre obstacle. Elle y jette un prompt coup d'œil...

« Des vers ! dit-elle ; ce sont des vers !!! »

— « Quoi ! s'écrie le baron de Lanol, madame de Verseil serait *poétesse ?* Je ne lui connaissais pas ce mérite-là. »

— « Quant à moi, monsieur, répliqua madame Romeval, je ne puis plaisanter d'une découverte pareille. Madame de Verseil n'écrit pas en vers ; mais c'est bien à elle que cette galante poésie s'adresse, car, ajouta-t-elle, voilà son nom tracé sur le revers du feuillet. Ah ! monsieur Romeval, convient-il à votre âge, à votre caractère, j'ose dire encore à l'attachement que je vous témoignais, de faire mal à propos le bel-esprit ? C'est une indignité ! une action affreuse ! »

Romeval et Girmel, qui, l'un et l'autre, avaient reconnu le madrigal, n'étaient nullement, de leur côté, portés à plaisanter de cette fâcheuse découverte. Ils sentaient le désagrément de leur position, surtout d'après la manière ridicule dont madame Romeval avait pris la chose. Son époux, qui en fait de génie, n'était pas un aigle, balbutiait maladroitement pour sa défense quelques phrases sans suite; enfin il lui échappa de dire, pour combler la mesure de ses sottises :

« Eh ! qui prouve que j'ai écrit ces vers ? Ils ne sont pas de mon écriture. »

— « Voilà, perfide, ce qui vous rend plus coupable; vous avez voulu dissimuler avec plus d'art, me tromper avec plus d'adresse; mais je connaîtrai celui qui vous prête sa plume. Non, non, Monsieur le Préfet; laissez-moi ce bel écrit : tout est commun dans un bon ménage, M. Romeval ne doit avoir d'autre confident que moi. »

Monsieur le Préfet, redoutant une vérification d'écriture, redoublait ses instances pour obtenir la cession du fatal billet, lorsque le baron de Lanol, qui était dans le salon de la préfecture comme la Discorde au milieu du camp d'Agramant, s'éloigna du lieu de la scène pour aller trouver la baronne de Girmel.

« Venez, dit-il à celle-ci, venez en toute hâte au secours de la désolée madame Romeval; elle vient de surprendre son sémillant époux en vrai flagrant délit; elle tient dans ses mains la pièce accusatrice. Il serait convenable de la lui ravir, afin d'éteindre sa colère avec plus de succès lorsqu'elle n'en possédera plus le fatal aliment. »

Toute femme est sensible au plaisir de se mêler d'une querelle de ménage; aussi madame de Girmel s'empressa de se rendre aux désirs de M. de Lanol, en courant au plus vite vers madame Romeval. Elle arriva à l'instant que l'épouse trahie, ou qui croyait l'être, voulant défendre ce qu'elle avait saisi contre les efforts du magistrat, portait vivement sa main en

arrière de son corps. Le geste facilita à
la *Préfette* le moyen de s'emparer du
billet doux ; elle l'enleva si rapidement
que madame Romeval ne put le retenir.
Ce fut alors que les incidens se compli-
quèrent : madame de Girmel reconnut à
la première vue l'écriture de son mari,
et tout aussitôt elle embrassa le véritable
point de la question ; mais, ne pouvant
commander ni retenir le premier mouvement de sa colère, moins dirigée d'abord
contre le volage que vers le mercure sexa-
génaire :

« Rassurez-vous, dit-elle, ma bonne
amie, vous n'avez en aucune façon à vous
plaindre dans tout ceci : M. Romeval n'a pas
trahi la foi conjugale, il s'est montré seulement ami dévoué, ami plus complaisant
qu'il n'aurait dû l'être, et il ne sera pas
surpris si je ne lui témoigne point ma
reconnaissance de ce bel acte de dévouement. »

Ces mots furent un coup de foudre pour les barbons Oreste et Pilade ;
le reste de la compagnie, confondu d'a-
voir pris la liberté de rire aux dépens de
monsieur le Préfet, garda dès lors le plus
profond silence. Chacun en reculant in-
sensiblement se porta vers les autres par-
ties de la salle, laissant en présence les
deux couples, honteux ou fâchés.

Madame de Girmel, encore tout émue
de la découverte qu'elle venait de faire,
se mourait d'envie de quereller son époux.
La crainte de faire une scène publique la
retenait ; d'une autre part, elle devinait
que le ridicule en rejaillirait sur la considération due à monsieur le Préfet. Ne
sachant quel parti prendre, indécise entre la prudence et l'attrait de se venger
sur-le-champ, elle ne savait ce qu'elle
devait faire lorsque, pour le bonheur de
la paix du ménage préfectoral, le valet
de chambre, annonçant de nouvelles vi-

sites, apporta une diversion utile à la contrainte générale. Un regard de courroux, lancé également sur le chef de la gendarmerie et sur son complice, par la dame offensée, leur prouva qu'elle ne comptait point proclamer une amnistie générale ni particulière; car, dans certaines circonstances, rien ne ressemble mieux à tel Roi qu'une femme blessée dans son amour-propre. Monsieur le Préfet devina l'orage qui ne tarderait pas à éclater, et s'empressa de courir au-devant du comte et de la comtesse de Mertange qui entraient au même moment que M. Lubert et sa fille. C'étaient là de vraies antipodes, le temps passé et l'âge présent.

CHAPITRE XVII.

UNION ET OUBLI.

Meurs! ou pense comme moi.

Lam., *le Spect. d'Estalens.*

Ce n'était point M. Lubert qui con-
duisait sa fille à la préfecture, mais bien
Aline qui presque par violence y amenait
son père. Deux jours s'étaient écoulés, et
le colonel de Valtaire, durant leur cours,
avait à peine paru dans la maison du né-

gociant. Assidu à son travail, ce n'était plus auprès d'Aline qu'il allait en chercher le délassement. Le lendemain du bal, on le retint à dîner à la préfecture, il y passa la soirée, et mademoiselle Lubert l'attendit en vain. Célénie avait presque remporté une entière victoire; pour la décider à son avantage, elle n'avait pas craint de beaucoup accorder et Ernest était en droit d'espérer encore bien plus qu'il n'avait obtenu.

Cette ivresse du moment était néanmoins empoisonnée par les reproches que lui adressait son cœur; il ne pouvait lui dissimuler tous les torts de sa faiblesse. Vainement ses sens l'entraînaient, une voix intérieure lui criait sans cesse : « On peut donner un instant à mademoiselle de Girmel, mais c'est pour toujours qu'il faut aimer Aline. » Telles étaient, dans le fond, ses secrètes pensées; mais en vrai jeune homme, il ne craignait pas de s'oublier avec une aimable maîtresse, en attendant patiemment l'heure où commencerait l'amour unique si bien mérité par Aline. Ainsi sommes-nous faits, fragiles mortels! nous apprécions le bien dans toute son étendue, et nous l'échangeons contre le mal, pourvu que l'apparence de celui-ci nous soit agréable.

Le premier regard d'Aline, lorsqu'elle entra dans l'appartement, lui montra le volage colonel assis aux pieds de Célénie, et jouant avec les ustensiles élégans contenus dans la corbeille à ouvrage de cette dernière. Ce tableau la frappa douloureusement; elle eut beaucoup à prendre sur elle pour répondre avec obligeance au compliment que lui adressa sa coquette amie. Une seule pensée l'occupant, toute sa personne portait l'empreinte d'une profonde mélancolie. Ernest, à la vue de celle qu'il négligeait avec tant de cruauté, parut troublé à son tour. Se levant pré-

cipitamment, il courut vers M. Lubert
qui le traita avec sa bonté accoutumée;
et puis, avec embarras, s'approchant de
la triste Aline, il lui parla d'un travail
qui le lendemain devait les réunir.

Pour cette fois, Aline ne put lui sourire; elle répliqua aux questions d'Ernest
qu'elle serait prête à l'heure indiquée par
son père, et elle reprit aussitôt la conversation commencée avec Célénie sur
une couleur que la mode venait de proclamer. Cet accueil bien mérité irrita
néanmoins le colonel. Les hommes placés
dans sa position sont injustes; ils veulent
qu'on les traite bien, lors même qu'ils
déchirent l'âme dont ils exigent de la
déférence. M. Ernest, dans son courroux, abandonna les deux jeunes beau-
tés, et fut vers la cheminée en admirer
tout à son aise le style et les décorations.
Célénie n'avait rien perdu de ce qui venait
de se passer : tout en ayant l'air de ne son-

ger qu'à la couleur fameuse, elle suivait les mouvemens du colonel ; elle était satisfaite de tout ce qui pouvait affliger Aline ; aussi ne chercha-t-elle pas à faire revenir l'amant de mauvaise humeur : ce qui lui importait le plus, était de mettre obstacle à toute explication.

Pendant ce temps, M. de Girmel et sa moitié, assez peu contens, étaient bien occupés l'un et l'autre. Le premier, en voyant paraître la famille Lubert, avait soudain promené ses regards dans la salle, pour savoir où se trouvait son fils ; et ne le découvrant nulle part, il se hâta de passer dans l'antichambre, pour donner l'ordre à ses gens d'aller le chercher dans son appartement, où il croyait qu'Adolphe pourrait être. Avec anxiété il attendit le retour du laquais. La réponse qu'il en reçut contraria ses désirs : M. Adolphe était sorti depuis le dîner ; on ignorait vers quel lieu il avait porté ses pas. Ce

rapport acheva de tourmenter l'administrateur; contraint de rentrer dans le salon
sans son fils, il y apporta une inquiétude
qui éclatait sur son visage.

Tandis que le Préfet était absent,
madame de Girmel s'était assise auprès
de la comtesse de Mertange : celle-ci,
choquée de se rencontrer avec un constitutionnel autant prononcé que le négociant Lubert, avait avoué à la baronne
sa surprise de voir admis un tel individu
aux honneurs de la préfecture. Madame
de Girmel, peu accoutumée à s'entendre
adresser des reproches, et encore aigrie
par le souvenir du malencontreux madrigal, répliqua avec assez de sécheresse à la
dame, qu'en recevant M. Lubert on ne
faisait qu'obéir aux intentions du roi. Ce
monarque avait fait recommander à tous
ses sujets, par la bouche auguste du duc
d'Angoulême, l'union et l'oubli.

Vous avez très-mal interprété, ma-

dame la baronne, répliqua *l'ultrà* renfor-
cée; le véritable sens de ces mémorables
paroles dont on a tant abusé. Par *union*,
on a entendu que les gens bien pensans
ne devaient faire qu'un faisceau pour
écraser leurs adversaires; le mot *oubli* a
voulu dire qu'il fallait passer l'éponge sur
la vie de la canaille qui revient à nous de
bonne foi; mais quant à ceux qui demandent des garanties, et qui osent soutenir
la charte, ils n'ont aucun droit à faire un
pacte avec nous; on doit non-seulement
ne point s'unir à eux, mais garder en mé-
moire le souvenir de toutes leurs actions, de leurs moindres pensées, afin de
les punir quand le grand jour arrivera.
Ce que je dis là est du reste l'opinion de
la bonne compagnie; et, pour la voir
paraître chez vous, il ne faut pas qu'elle
craigne d'y rencontrer du mélange. »

Cette sèche déclaration n'adoucit pas
madame de Girmel; mais, prudente lors-

qu'on ne blessait pas son amour-propre féminin, songeant d'ailleurs à la liaison intime de la famille de la comtesse avec madame de C...., elle répliqua avec plus de douceur que la première fois, en certifiant à la dame qu'elle pensait absolument de même, et que, si elle recevait M. Lubert, c'était par la certitude qu'on avait de son prochain changement. Déjà même, prétendait-on, il allait s'abonner au *Drapeau blanc* ou à la *Quotidienne*.

La comtesse de Mertange connaissait le négociant de longue main, si bien qu'elle ne crut pas un mot de ce qu'on venait de lui dire. Elle hocha quelque peu la tête; mais comme dans ce moment elle voulait obtenir une faveur de Monsieur le Préfet, pour un jeune homme protégé par sa fille, elle parut se ranger à l'avis de madame de Girmel. Le comte, ayant vu rentrer le magistrat qui revenait mécontent de sa recherche infructueuse, fut à lui, et entama le récit d'une affaire ecclésiastique, dans laquelle se trouvait compromis, par son ignorance et son manque de fermeté, le maire d'une commune voisine. M. de Mertange se plaignait vivement de la conduite du fonctionnaire rural, et Girmel, qui par politique désirait faire pour lui quelque chose qui pût lui être agréable, saisit cette occasion, et dit :

« Si ce maire vous paraît au-dessous de sa place, je m'empresserai de le destituer, et j'accepterai pour lui succéder l'individu que vous me désignerez. »

— « Je me suis mal expliqué, reprit le comte, si en me plaignant du fonctionnaire dont il s'agit, j'ai paru demander son changement : loin de le vouloir, je souhaite au contraire qu'il reste dans son poste. »

— « Mais, monsieur le comte, ne m'a

vez-vous pas fait l'honneur de me dire
que cet individu joint à de mauvaises
mœurs ; une incapacité complète que
sans considération dans le pays... ? »

— « Je tombe d'accord avec vous sur
tous ces points ; mais ses opinions sont
pures ; il pense à merveille, et les habitans de sa commune sont si pervertis par
les idées constitutionnelles, que, si on lui
enlevait son écharpe, il faudrait de toute
nécessité en revêtir un libéral. » (*Historique.*)

— « Ah ! répondit le Préfet, voilà sa
meilleure recommandation. Je sens combien un tel sujet est précieux pour la
chose publique ; il faudra alors punir les
habitans qui ont amené le scandale ; et,
pour relever leur premier magistrat, qui
doit être respecté, nous chercherons à
lui faire obtenir une distinction honorifique, servant à prouver combien on aime
à récompenser les bons sentimens. »

Tandis que le secret d'un certain parti

se dévoilait avec tant de ridicule, Ernest, Aline, Célénie, demeuraient dans une fausse position, dont ils ne savaient comment sortir. Le premier ne quittait pas son poste; il feignait de ne point voir les signes que lui adressait la fille du Préfet, pour l'engager à se rapprocher d'elle; Aline, dans l'action de celle-ci, que pour tout le bonheur de sa vie elle n'eût osé imiter, reconnaissait la preuve d'une complète intelligence; son cœur en demeurait douloureusement blessé; et, malgré ses efforts, elle n'aurait pu dérober à un œil attentif ses émotions cachées. Nul ne s'occupait alors de là deviner. Célénie, sur ce point, n'avait plus rien à apprendre, et Ernest eût redouté de trop s'instruire d'un chagrin dont il était le premier auteur.

Mademoiselle de Girmel, impatiente à la fin de la longue opiniâtreté du colonel, prit le parti d'aller le rejoindre, et, se levant, elle se rapprocha de la cheminée. Là, elle entama à voix basse une conversation qu'Ernest paraissait vouloir abréger sans pouvoir y réussir. Dans le moment, le baron de Lanol, éternel observateur de tout ce qui se passait, se trouvant placé à deux pas du groupe, se pencha vers l'oreille de Célénie.

— « Ne croyez-vous point, lui dit-il, que la tendresse fraternelle doive avoir des bornes, et qu'on puisse lui sacrifier par exemple le soin de sa réputation ? »

Cette question inattendue, le ton sérieux avec lequel elle fut faite, déconcertèrent Célénie à tel point, qu'elle demeura un moment interdite, et ce fut en balbutiant qu'elle demanda au baron la signification de cette phrase.

— « En vous l'adressant, mademoiselle, j'ai rendu hommage à votre perspicacité. Un jeune auteur m'a consulté dans ce moment sur le plan d'une comédie à laquelle il travaille, et dont le sujet n'est point sans intérêt : des gens en place veulent marier leur fils à une riche héritière ; le principal obstacle à leur projet provient d'un amant, non encore déclaré, qui aime la jeune personne ; on ne sait comment l'écarter. Alors, la sœur du garçon à marier entreprend cette tâche ; elle déploie, pour réussir, toutes les ressources de son esprit et tous les charmes de sa personne. C'est là qu'en est resté mon auteur. Je m'intéresse à son ouvrage, et par suite je ne sais jusqu'à quel degré il peut conduire cette preuve d'amitié. La sœur peut y perdre plus que le frère ne gagnera, et dans ma perplexité, j'ai souhaité de connaître votre opinion sur ce point important. »

Quelle que pût être l'intention secrète baron en parlant ainsi à Célénie, le ton sérieux avec lequel il s'exprimait, le repos de sa bouche, la parfaite tran-

quillité de son regard , ne permettant
nullement de deviner sa véritable pensée,
ne laissaient pas non plus le droit de se
fâcher d'un tel propos. Célénie néanmoins
en comprit toute l'amertume. Elle répliqua qu'elle n'avait pas fait encore une
étude assez approfondie de l'art théâtral
et de la science du monde ; je pourrais
me tromper, ajouta-t-elle , dans le conseil que je donnerais. Sais-je d'ailleurs ce
qui convient parfaitement en une pareille
circonstance ? Si à mon âge je ne puis
guider mes sentimens , je suis bien moins
en état de régler ceux des autres.

Cette réponse naïve et décélant à moitié ce qui se passait véritablement dans
son âme, prouva au baron de Lanol qu'il
avait été compris ; il n'en demandait pas
davantage ; durant ce temps, Ernest, heureux d'être délivré du joug momentané
qui pesait sur lui, avait abandonné la
place, pour aller s'emparer d'une chaise

qui avoisinait le fauteuil de mademoiselle Lubert. Aline le vit avec joie à côté d'elle; mais elle ne lui dit rien. Il se décidait à commencer avec elle une conversation animée, lorsque le négociant, s'approchant de sa fille, lui demanda si elle consentait à se retirer. Cette question était un ordre pour elle : toujours soumise aux volontés de son père, elle se leva sur-le-champ. Ernest saisit cette occasion pour se retirer; il pria Aline de lui accorder la faveur de la reconduire. Cette prière ne pouvait être refusée; ils s'éloignèrent ensemble, laissant Célénie dépitée, réfléchir sur les divers événemens de la soirée.

[illegible] [illegible] [illegible]

[illegible] [illegible] [illegible] [illegible]

[illegible] [illegible] [illegible] [illegible] [illegible] [illegible] [illegible] [illegible] [illegible] [illegible] [illegible] [illegible] [illegible] [illegible] [illegible]

CHAPITRE XVIII.

LA FONDATION D'UNE ACADÉMIE.

Par nos lois, prose et vers, tout nous sera soumis;
Nul n'aura de l'esprit, hors nous et nos amis.

MOLIÈRE, *Femm. sav.*, act. III, scè. II.

Nous pourrions récréer nos lecteurs, en leur racontant la querelle conjugale qui suivit l'incident amené par le renvoi du madrigal; mais comme elle ressembla parfaitement à celles qui chaque jour s'élèvent dans les meilleurs ménages; les époux y suppléeront par leur souvenir,

et ceux qui se préparent à serrer le sacré
lien, en donneront une représentation
nouvelle trop tôt pour le repos de leur
maison. La portion de la scène qui avait
eu lieu publiquement ne fut pas oubliée de
ceux qui en étaient les spectateurs ; ils
ne tardèrent pas à la redire à leurs meilleurs amis sous le sceau du secret, et dès
lors toute la ville en fut instruite ; on la
raconta, on la commenta, on l'embellit
de cent manières ; les poëtes du lieu
se mirent à tailler leur plume, et de
cette affaire naquirent deux satires, cinq
épigrammes, trois chansons et une com-
plainte. Les mauvais citoyens, ainsi qu'on
appelait à la préfecture tous ceux qui
avaient l'audace de rire aux dépens du
magistrat, eurent sujet de se réjouir de
la mésaventure. Le bruit de cet événement causa une telle rumeur, que monsieur le Préfet, en habile diplomate,
comprit qu'il fallait donner un autre élan

à la malignité, par quelque événement nouveau, propre à faire oublier celui dont les détails étaient dans toutes les bouches.

Nous avons dit ailleurs que Girmel, envieux de plusieurs genres de gloire, avait cherché à prendre une place sur le Parnasse français; il avait traduit en vers un poëme romantique, rempli de sel et d'imagination en allemand et devenu très-mauvais après sa translation en rimes gauloises. A ce premier ouvrage, succéda un second, dans lequel, rival malheureux d'un célèbre poëte italien, il avait fait une méchante galimafrée de vingt actions différentes; donnant gravement à ce *pasticcio* le titre de poëme héroï-comique. Il avait également travaillé pour le théâtre; on ne joua jadis ses pièces que parce qu'il avait abandonné aux comédiens sa part d'auteur; sorte de magnanimité très au goût des artistes dramatiques, si bien que pareil à *l'ami Pompignan*, il était permis à Monsieur le Préfet de *se croire quelque chose*.

Dégoûté pour un temps des intrigues amoureuses, il imagina d'établir dans son chef-lieu une académie, dont il serait le président, par les droits réunis de son rang et de son mérite. Là, seraient appelés dans leur élite, les écrivains de quatre arrondissemens très-productifs en grands hommes. Ce dessein était d'ailleurs plus facile à concevoir qu'à exécuter. La première nouvelle que monsieur le Préfet en donna, éveilla plus d'un amour-propre, et tous les ambitieux des honneurs académiques qui pouvaient prétendre au fauteuil. C'est une chose délicate, que de décider, parmi un nombre de concurrens tous d'un génie à peu près égal, ceux qui l'emporteront sur leurs rivaux ; que d'établir une sorte de justice dans une règle de proportion reposant entière-

ment sur une base idéale, celle de la su-
prématie acquise dans les lettres et dans
les arts. Ici chaque genre a ses prôneurs
et ses partisans. Là, on proclame la supériorité du romantisme; ailleurs, on préfère le classique et on a raison. Mais dans
ce classique même, que de diversités à
remarquer ! Selon tel, le poëme épique
doit avoir la palme, un autre l'accordera
à la tragédie, un troisième viendra la réclamer pour la comédie. Puis se présente-
ront les élégies, les poëmes comiques, les
odes, les chansons. On ne peut décider
sans faire des mécontens et les mécontens
forment toujours le plus grand nombre.
Chaque auteur se dira supérieur à son rival,
sa coterie en conviendra, et les honneurs
qu'il n'obtiendra point, seront enlevés,
dira-t-on, au mérite, pour en gratifier la
nullité ou la faveur.

Monsieur le Préfet n'avait point cal-
culé toutes ces difficultés, lorsqu'il lui

vint en la pensée de faire le nouveau Richelieu; et loin encore il était de tous les tracas que cette fantaisie lui susciterait. Renfermé dans son cabinet, il s'occupait à dresser la liste des futurs immortels, lorsque deux personnages demandèrent, par l'organe de son valet de chambre, la permission de parvenir jusqu'à lui : c'était M. Monard, curé de la paroisse, et le comte de Mertange. Il était difficile, dangereux peut-être, de refuser sa porte à de pareilles notabilités. Le magistrat consentit donc à les recevoir, bien éloigné d'imaginer le motif qui les amenait en ce moment.

Après les premières civilités, le Curé, attendu que l'église a le pas sur l'épée, parla le premier au magistrat.

« Monsieur le Préfet, il vient de se répandre un bruit qui, tout en réjouissant les amis de la monarchie, ne laisse pas que de les inquiéter : vous voulez, a-t-on dit, faire revivre dans notre ville l'institution scientifique et littéraire qui, avant la révolution, brillait d'un pur éclat. Vous nous rendrez notre académie, on vous doit sur ce point des remercîmens; mais pour bien composer la réunion de ses membres, avez-vous des notes exactes sur les divers individus appelés à faire partie de cette association ? »

— « Nous sommes (continua le comte de Mertange pressé de prendre la parole) dans un temps où il faut tout examiner, tout peser.... »

— « Au poids du sanctuaire, ajouta M. le curé, joyeux de placer un mot qui rappelât son sacré ministère. On ne peut présenter comme l'élite de nos citoyens des hommes perdus dans l'opinion publique. Il faut que les académiciens brillent de leurs propres vertus, et qu'on ne puisse leur adresser le moindre reproche. »

Pendant ces discours, Monsieur le Préfet

se rappelait la puissance dont il avait joui à une certaine époque, durant laquelle ni grand seigneur, ni prélat, n'eût osé le troubler dans ses fonctions, et s'immiscer dans le soin de diriger les choix qu'il pouvait avoir la pensée de faire. Les temps étaient changés; c'était à lui à se soumettre. Il crut qu'il le ferait d'autant plus facilement, qu'il avait scruté avec la plus sévère attention la vie entière des candidats, et qu'elle lui paraissait irréprochable.

« Messieurs, alors dit-il, je suis charmé qu'un homme de haute condition, tel que le comte de Mertange, et un vénérable pasteur tel que M. Monard, soient venus m'aider dans un travail pénible auquel je me livrais déjà, et qu'il me sera bien doux de leur communiquer. Trop heureux de m'entendre toujours avec eux pour les intérêts sacrés de l'autel et du trône! »

Après cette phrase indispensable, à laquelle on répondit par de nombreux complimens sur ses excellentes intentions, il prit la liste qui était devant lui, et lut le premier nom écrit.

« Monsieur Orbelin ! »

— « Orbelin ! dit le curé. Ce choix me surprend : je n'eusse pas mis cet individu sur mes tablettes. »

Eh ! monsieur, reprit le Préfet, pouvais-je me dispenser de le placer sur les miennes? ce savant est connu dans la France comme chez l'étranger. Il a publié plusieurs ouvrages dont les éditions se sont multipliées sans qu'il ait eu besoin d'en faire lui-même l'éloge dans les divers journaux. »

— « Cela peut être, Monsieur le Préfet, repliqua le sévère pasteur; mais Orbelin a été père de l'Oratoire, et cette qualité le rend suspect aux gens bien pensans. Il est d'ailleurs en correspondance réglée avec l'abbé Tub...., et je sais en outre qu'il a dans le temps obtenu pour une vieille religieuse des secours de l'archevêque constitutionnel Lec.... Laissons donc cet homme de côté, et passons à un autre. »

— « Le jeune poëte Delatreille. Celui-là m'a été désigné par la renommée qui m'a forcé la main. »

— « Je donnerai mon vote d'exclusion au sieur Delatreille, dit le comte de Mertange. On lui laisse le mérite de faire de magnifiques odes, de bonnes tragédies, d'excellentes comédies; mais il s'est permis sur les gens de qualité de trop fréquentes plaisanteries pour que nous consentions à le voir siéger parmi les élus. Ce choix retomberait sur vous, Monsieur le Préfet, et, en ami, je prends la liberté de vous le dire. Allons au troisième nom. »

— « J'ai pour lui, maintenant, des craintes ; votre ministère s'exerce avec tant de rigueur !... Louis de Melcour. »

— « Eh bien ! s'écria le curé, voilà encore un nom à proscrire. Melcour est certainement un athée; il n'assiste jamais à la grand'messe; il quitta la ville lors de la dernière mission : ce ne peut être un bon écrivain. »

— « Vous me surprenez, monsieur ! on me l'avait dépeint comme un littérateur plein de génie, bon père de famille, parfait ami. »

— « Cela ne fait rien à notre affaire. On ne veut pas d'un académicien qui ne fait point ses pâques; encore s'il se confessait !!.... » (*Historique.*)

— « Ma foi, messieurs, dit Girmel, vous m'enlevez le courage de continuer ma lecture. Un malin esprit m'a inspiré sans doute tout de travers; je suis honteux de mes perpétuelles méprises. »

— « Nous sommes ici pour les relever amicalement, répondit le comte de Mertange. Mais pour terminer plus promptement, lisez les noms qui restent encore à connaître ; d'un mot nous déciderons de leur sort. »

Tandis qu'on lui parlait ainsi, l'administrateur frémissait d'impatience. Dix fois il fut sur le point d'éclater ; le souvenir d'un pouvoir éminent, supérieur au sien, put seul l'arrêter dans son élan. Il était sous le joug ; il courba la tête. Il reprit la liste et continua :

« Durban ! »

— « Poëte distingué ; mais il fut du parti de ce petit Decazes. »

— « Frémont ! »

— « Gentilhomme qui n'a pas émigré. »

— « Maurice ! »

— « Homme de trop bas lieu, qui s'est poussé lui-même : ce serait, en l'admettant, faire déroger les muses. »

— « On a cependant accueilli avec intérêt son grand voyage. »

— « Des niveleurs., peut-être, mais je ne crois pas qu'il ait été lu par aucun de ceux qui fréquentent le salon de madame de Mertange. »

— « Poltier ! »

— « Il est ventru. »

— « Monestal ! »

— « Il est du centre gauche. »

— « Balbert ! »

— « Excellent ! il a mis ses trois garçons aux pères de la foi. »

— « Delmond ! »

— « C'est le poëte de la comtesse ! Je demande pour lui le titre de secrétaire perpétuel. Poursuivez. »

— « Ici j'ai clos ma liste : votre venue ne m'a pas permis de la continuer. »

— « Il faut, à nous trois, terminer le travail, dit alors le curé. Vous êtes d'avis que le nombre des académiciens doit être porté à quarante : voici comment nous les trouverons. M. le comte de

Mertange nous fournira dix bons gentils-hommes qui n'aient jamais fléchi devant l'idole; ils sont rares, je le sais, mais en cherchant bien dans les châteaux écartés des grandes routes, nous les aurons. Monsieur le Préfet désignera dix maires ou fonctionnaires purs, s'il en est. Je me charge, parmi le clergé, de choisir dix sujets, tous forts théologiens : voilà déjà trente immortels. Balbert, Delmond, trente-deux; monseigneur l'évêque du diocèse qui, déjà nommé, sera bientôt installé sur son siége épiscopal; ses deux grands vicaires, le général commandant le département; Monsieur le Préfet, baron de Girmel, M. le président du tribunal civil, M. le secrétaire général, M. le comte de Mertange : voilà les quarante réunis. »

— « Comment! mon cher curé! dit le comte, vous vous oubliez dans la promotion! »

— « Je me serais placé dans le rang des théologiens…. L'église ne réclame pas la plus grosse portion des dignités ; il lui suffit d'en obtenir quelques-unes. Ce sera là une académie qui damera le pion à toutes les autres du royaume : ses sentimens seront éprouvés. »

— « Mais cependant, dit le comte, si malgré tous nos soins un faux frère se glissait dans l'assemblée? »

— « Eh, mon digne comte! répliqua le curé avec la plus bénigne hilarité, n'aurons-nous pas toujours la ressource d'une légitime épuration? »

Les membres de l'académie ainsi classés, on s'occupa du soin de les désigner. Nul des trois ne le fit avec plus d'impartialité que M. de Mertange. Il prit par rang d'ancienneté les chefs des familles qui, avant la révolution, étaient montés dans les carrosses du roi; et les registres du grand-maître des cérémonies de France devinrent les titres des dix académiciens de qualité.

Le curé choisit les siens comme il l'avait annoncé; mais il n'avait pas prévu une difficulté qui lui attira plusieurs désagrémens. Les fabriciens, les marguilliers de la paroisse, trouvèrent mauvais qu'un au moins dans leur nombre n'eût pas été porté sur la liste honorifique. La Discorde alors se posta entre eux et le pasteur; il en résulta des scènes inconvenantes, dont le public aurait ri si, n'eût été la gravité des disputans.

Celui des trois dictateurs qui se montra le plus raisonnable fut monsieur le Préfet; il adjoignit aux membres nommés quelques hommes de lettres, tous surpris de se trouver en pareille compagnie. On les y regarda comme des intrus, des parvenus insupportables, et on les eût laissés seuls autour du tapis vert, si l'on n'eût assuré pour droit de présence une bougie à chaque académicien, seule lumière que la majorité ne proscrivait pas. (*Historique.*) La première séance de ce corps vénérable mériterait d'être décrite; nous en dirons quelque chose dans le chapitre suivant.

CHAPITRE XIX.

UNE SÉANCE ACADÉMIQUE.

> Ce corps a quarante têtes, toutes remplies
> de figures, de métaphores, d'antithèses.
>
> Montesquieu, *Lett. pers*, 73.

Monsieur le Préfet, dès le moment où avec l'autorisation des ministres il arrêta le rétablissement de l'académie, avait pareillement annoncé l'ouverture d'un concours pour le jugement des ouvrages scientifiques ou poétiques qui se-

raient présentés à la société naissante.
Cette proclamation littéraire anima plus
d'une noble ambition ; et le jour où les
académiciens furent convoqués la première fois, le bureau se trouva chargé
d'un nombre considérable de productions
destinées à faire éclater le goût et l'impartialité du sénat éclairé. Les membres
qui le composaient arrivèrent chacun à la
file, revêtus du costume de rigueur : les
fonctionnaires en grande tenue, les ecclésiastiques avec la soutane neuve, la cein-
ture de soie, le petit collet tout fraîche-
ment reblanchi. Les gentilshommes portaient en général l'uniforme des anciens
régimens qu'ils avaient commandés. On
reconnaissait les hommes de lettres, à
l'habit noir complet, aux gants blancs,
au castor nouvellement sorti de la boutique du chapelier.

La supplique du comte de Mertange
avait obtenu le succès qu'il souhaitait, en

faveur du protégé de la comtesse : Delmond le littérateur était nommé par
avance secrétaire perpétuel de la compagnie, et on se reposait sur lui du soin de
bien remplir cette dignité. Delmond l'a-
vait acceptée, la croyant néanmoins au-
dessous de lui ; et tout en paraissant flat-
té de faire les honneurs de la séance, il
mêlait à l'accomplissement de son devoir
une certaine nonchalance, une négligence
affectée qui voulaient dire : Messieurs,
tenez-moi un grand compte de ce que j'a
bien voulu accepter des fonctions si infé-
rieures à mon rang.

Le lecteur nous demandera peut-être
quel était donc le personnage si hautement placé dans sa propre opinion? Il le
croira tout au moins un vicomte, soit
pour la qualité honorifique dans la société, soit pour le mérite dans la littérature, ne se ressouvenant pas que le sot
orgueil est de tous les rangs et de toutes

les classes. Delmond n'était illustre ni par ses aïeux, qui n'eurent jamais rien d'historique, ni par ses talens; car il n'avait jamais rien produit. Fils d'un marchand en détail, il dédaigna la boutique paternelle, et voulut prendre plus haut son essor. Comme il n'avait point d'asthme, qu'il possédait une voix forte et soutenue, il se fit avocat, certain de réussir, car il était gonflé d'amour-propre. Il était très-convaincu que le monde est porté à nous croire sur parole lorsque l'on daigne s'apprécier devant lui à notre propre valeur, c'est-à-dire au plus haut degré. Delmond déclara à sa famille, à ses amis, qu'il plaiderait bien, qu'il plaidait déjà à merveille; qu'il serait enfin sublime orateur s'il pouvait se décider à ne pas être paresseux. Soudain le chœur des moutons de Panurge répéta : « Delmond est un grand avocat! pourquoi, par son inertie, amoindrit-il les dons que lui a faits la nature? ».

Delmond néanmoins qui se connaissait parfaitement ne se fia pas à sa célébrité du soin d'assurer sa fortune. Jetant un coup d'œil autour de lui, il vit que les hommes qui marchaient debout n'avançaient guère, tandis que ceux qui se tenaient à genoux faisaient, grâce à l'élasticité de leurs muscles fléchisseurs, un chemin rapide. Instruit par l'expérience, il rampa afin d'aller plus vite. Ce moyen lui réussit. Napoléon régnait alors; il flatta Napoléon, et obtint une charge. Les Bourbons plus tard remontèrent sur le trône de leurs ancêtres; Delmond aussitôt devint plus royaliste que le roi. Il s'humilia devant les gentilshommes de sa province, qui dès lors le protégèrent tout en se moquant de lui. Les cent jours l'amenèrent à une démarche qui eût pu compromettre son royalisme si elle eût été plus connue; aussi, pour en atténuer l'effet, il se jeta dans les rangs des plus furieux fanatiques. Les déclamations de ce grotesque personnage devinrent les titres de son avancement; il escamota les récompenses dues au mérite, ce qui arrive dans le meilleur des mondes possible; et Delmond devint l'homme d'un parti qui ne craint pas d'employer les plus misérables, lorsqu'il le juge utile à ses secrets.

Tel était le personnage; il avait perdu le souvenir de sa modeste origine, ne se rappelant que de sa présente position. Dès lors il ne traitait plus la littérature qu'en amateur, et la place de Fontenelle lui semblait au-dessous de sa dignité. Ce secrétaire perpétuel, presque honteux de l'être, ouvrit néanmoins la première séance par un discours dans lequel il exposa les bases fondamentales des règlemens de la nouvelle académie. Il instruisit le public, à travers le débordement d'une verbeuse éloquence, que la société, fidèle aux bons principes, s'occuperait peu des belles lettres, mais beaucoup des opinions politiques ; qu'elle couronnerait moins le mérite des ouvrages que les garanties données par leurs auteurs ; que, suivant avec soin toutes les phases du pouvoir, on recevrait d'en haut le peu de lumière que l'académie voulait admettre, et qu'on ne serait nommé membre de la société, quel que fût d'ailleurs le génie des candidats, si l'on ne présentait au préalable un billet de confession signé d'un père de la foi, et non d'un autre ecclésiastique.

Les applaudissemens de la société de mesdames de Tersac et de Mertange prouvèrent à l'orateur qu'il avait atteint son but ; il ne compta pour rien quelques murmures partis du fond de la salle ; il n'y avait là que des étudians et des plébéiens. Le reste de la séance fut très-intéressant : un abbé lut une dissertation.

tendant à établir une concordance entre les sept chefs de saint Jean-Baptiste vénérés en autant d'églises différentes. Un gentilhomme prouva incontestablement que pour trouver les aïeux de ceux de sa caste, il fallait remonter aux Francs. Un fonctionnaire établit en principe qu'une ordonnance devait l'emporter sur un article du pacte constitutionnel. *(Historique.)* Un poëte déclama une hymne à sainte Marthe, et un savant régala le public d'une satire contre les découvertes du siècle.

Le jugement des ouvrages qui intervint découla nécessairement de l'excellence des principes avancés par le secrétaire général. Une ode brillante de poésie et de nobles pensées avait fixé l'attention de l'académie; mais son auteur était officier à la demi-solde : l'ouvrage fut repoussé, et l'on couronna tout d'une voix celui d'un honnête citadin qui venaît de faire bâtir une chapelle pour la congrégation des pénitens blancs.

Parmi les académiciens, quelques-uns gémissaient d'une tyrannie autant ridicule; mais ils étaient en trop petit nombre pour oser élever la voix. Un seul néanmoins ne craignit pas de rompre une lance en faveur de la justice et du bon goût : ce fut le baron de Lanol, conduit en ce lieu par le suffrage du comte de Mertange, et qui ne croyait pas desservir son parti en sifflant quelquefois les sottises des énergumènes. M. le secrétaire perpétuel ne pouvait le souffrir; car, ennemi de tout esprit de coterie, le baron avait apprécié celui de Delmond, et l'ayant connu, il le poursuivait sans relâche du feu roulant de ses plaisanteries. Celle que Delmond trouva la plus cruelle, et qui désola sa superbe vanité, fut, lorsque dans une circonstance où le petit homme avait médit d'un ouvrage dont il ne sentait pas le mérite. « Tout doux, monsieur le secrétaire perpétuel, ne mesurez pas, lui dit le baron de Lanol, tout à votre aune. » La savante compagnie sourit du jeu de mots, en songeant à la profession du père de Delmond, et celui-ci en fut navré jusqu'au fond de son âme.

Satisfait cependant de sa fondation, Monsieur le Préfet augura que sa réputation augmenterait en raison de ce qu'il ferait pour la gloire. Il crut devoir continuer de suivre le même chemin, et après avoir créé il voulut être restaurateur. Pour acquérir ce nouveau genre de célébrité, il porta ses regards sur le collège principal de la ville qui n'était pas encore entièrement sous le joug. Le chef de cet établissement, soumis aux lois du royaume, n'avait aucune relation avec le village de Montrouge. Il cherchait à réunir, pour l'instruction de ses élèves, des

professeurs habiles, honnêtes, et surtout
pères de famille, autant qu'il le pouvait,
bien convaincu que chez ces derniers on
trouve, avec plus de certitude, les bonnes mœurs et la vertu : les vices, malheureusement, sont plutôt l'apanage des
célibataires.

Ce Principal, malgré son mérite, la
profondeur de ses vues, et le soin extrême qu'il prenait de la jeunesse confiée
à ses soins, n'avait pu obtenir une sauve-
garde de tolérance ni de madame de Tersac ni de la comtesse de Mertange. Le
clergé également ne le voyait pas de bon
œil ; car, à part l'aumônier du collége,
nul ecclésiastique n'était admis au nombre des maîtres de l'établissement. On savait d'ailleurs que le principal, très-assi-
du le dimanche à la grand'messe, manquait quelquefois l'office du soir ; il faisait plus encore, il laissait lire aux éco-
liers les *Lettres provinciales*, et leur par-

lait souvent en outre de la morale sévère professée par les solitaires illustres de Port-Royal.

On ne pouvait supporter long-temps des griefs de cette importance; pour les punir, on écrivit au conseil de l'université royale, et l'on demanda qu'un inspecteur se hâtât de venir purifier une maison infectée du venin des mauvaises opinions. Le conseil crut tout perdu à la réception de cette lettre; ne trouvant dans son sein aucun membre assez ferme pour remplir cette mission, on en nomma un sur-le-champ qu'on fit partir en poste, dans la crainte que la peste morale qui ravageait le collège ne se répandît au dehors. Il arriva vers la fin de l'année scolaire, lorsque les prix allaient être distribués. Son premier soin, en homme vigilant et qui connaît le monde, fut d'exiger qu'on lui remît la liste des ouvrages destinés à être donnés en prix aux élèves, afin de la purger des livres pernicieux que le mauvais esprit du principal aurait pu y glisser. Il la lut cinq fois avec une attention scrupuleuse, et son crayon raya, comme tendant à corrompre la jeunesse, les ouvrages suivans : *Télémaque*, *Tacite*, la *Henriade*, les *Études de la nature*, le *Poëme de la religion*, les *Théâtres de Corneille*, de *Racine*, les *Révolutions d'Angleterre du Père d'Orléans*, et pour finir enfin, tant le siècle marche vers sa perfection, les *Caractères de La Bruyère*. (*Historique.*)

Ce soin pris, ces productions obscènes et impies remplacées par les chefs-d'œuvre immortels des Frizons, Levacher, Gilotte, Tricalet, Lochon, Poussinet, et autres grands hommes tous également connus, on passa de l'inspection des livres à celle des professeurs ; un petit nombre échappa à la sévérité *policéique* de l'examinateur. On congédia d'abord tous

ceux qui ne furent recommandés par aucune personne de marque, afin de se con-
former à l'usage universel ; car, dans le
monde, le mérite isolé n'est compté pour
rien ; il n'a de l'importance qu'en se ratta-
chant à quelque notabilité connue. Cette
coutume commençait à se perdre naguère, mais elle est trop conforme aux
principes du jour, pour n'être pas comme
eux remise en honneur, à moins que le
nouveau monarque..... Les professeurs
qui partirent ensuite, furent ces hommes
qui veulent avoir une opinion indépen-
dante de celles des autres, crime très-pu-
nissable, attendu qu'on ne peut être bon
maître d'école, lorsqu'on ne change pas
de principes à chaque mutation de ministère. Il ne peut très-certainement exister
de stabilité parmi nous, que pour les gi-
rouettes humaines.

De bien plus grands griefs furent éle-
vés contre une troisième classe de profes-

seurs ; nous ne pouvons même désavouer
que ceux-là n'eussent des torts ; ils pro-
venaient de leur indifférence à inculquer
de bons sentimens à leurs élèves. Jamais
ils ne s'étaient informés du genre de vie
des parens de ceux-ci ; ils ne leur tenaient
compte que de leurs travaux de classé.
Cet abus n'était pas tolérable, aussi leur
radiation fut-elle promptement prononcée.

Restait encore le Principal qu'on eût
bien voulu chasser avec les autres, mais
la chose n'était pas sans quelque difficulté ;
le collége lui appartenait, et bien que l'é-
difice eût été dans le temps une propriété
nationale, on ne pouvait le lui ravir,
attendu le neuvième article de la Charte
constitutionnelle, qui embarrasse maintenant forces volontés très-prononcées.
On offrait, pour tout accommoder, d'a-
cheter l'établissement, cela ne convenait
point au propriétaire ; on pouvait lui enlever son diplôme ; mais les misérables

intérêts du pays s'opposaient à une complète destruction. Il fallut donc, en gémissant, laisser au milieu d'Israël, laisser cette pierre de scandale; du moins on la couvrit de tant de moellons qu'elle ne fut plus aperçue; enfin, comme aux arbres ébranlés, on finit par donner un tuteur à celui qui eût pu en servir à beaucoup d'autres.

Le zèle marquant avec lequel Monsieur le Préfet avait servi la volonté dominante en cette circonstance, lui attira l'affection *de tous ceux qui pensaient bien dans l'endroit.* Il fut invité aux soirées intimes de madame la comtesse de Mertange, et, charmé d'un si gracieux accueil, il jugea le moment convenable pour prendre un confesseur fort en vogue parmi les dames du haut ton. Dèslors il n'y eut plus de borne à l'enthousiasme; il fut, d'une voix unanime, proclamé le premier des administrateurs.

Bien convaincu de l'excellence du service qu'il venait de rendre à la bonne cause, il eût désiré que monsiéur Lubert se chargeât de l'en récompenser, en accordant la main d'Aline au chevalier Adolphe. Le négociant, non-seulement ne songeait point à cet acte de civisme, mais il ne dissimula point combien peu il approuvait les choix académiques et les épurations du collége; il voyait en toutes ces manières d'agir une sorte de despotisme fort peu en rapport avec ses idées libérales, et par suite il alla moins souvent aux cercles de Monsieur le Préfet. Cette conduite nouvelle tourmenta le magistrat; chaque jour celui-ci recommandait à son fils d'être exact à rendre ses hommages à mademoiselle Lubert, il ne cessait de vanter devant lui les qualités de cette jeune personne et la solidité de la fortune de son père. Ces mots étaient perdus : le chevalier de fabrique nouvelle ne ressemblait en rien à ses sages parens; il aimait le plaisir, et il ne calculait pas encore. Cette dissemblance de caractère plongea quelquefois Monsieur le Préfet dans une série de réflexions, dont le résultat eût pu compromettre la réputation des vertus de madame de Girmel, si elle n'eût pas été très-solidement établie dans l'esprit de son époux.

Célénie cherchait de son mieux à réparer les négligences de son frère. Si elle ne pouvait lui assurer le cœur d'Aline, du moins essayait-elle de détruire une rivalité pour lui bien dangereuse. On doit juger, d'après ce que nous avançons, qu'elle n'avait pas renoncé à faire la conquête du colonel. Celui-ci, en vrai militaire, aimait d'un amour platonique Aline, si digne d'inspirer une respectueuse passion; mais en même temps il recherchait les occasions de se rencontrer avec Célénie, soit à la promenade,

soit à la campagne, dans les lieux écartés où elle allait herboriser; mademoiselle de Girmel aimait la botanique. Aline,
plus heureuse, car sa tendresse était
exempte de remords, voyait également
Ernest venir chaque jour lui apporter
son hommage. Il n'aimait qu'elle, disait-
il, et cette assurance était vraie; sa tête
seule, et non son cœur, était distraite
par Célénie. Cependant, ni son amour
sincère, ni les plaisirs d'une galante intrigue, ne pouvaient le détourner des oc-
cupations plus sévères que sa raison s'é-
tait imposées. Fallait-il faire un voyage,
dont le résultat devait être important à
l'intérêt de la maison de commerce Lubert, il ne cherchait pas à le retarder,
et, dans cette circonstance, il en donna
la preuve. Il dut aller dans plusieurs villes
de France régler des comptes avec divers négocians; il ne balança pas à s'éloi-
gner, prenant congé de Célénie, qui le

pria, comme elle était curieuse de connaître les pays étrangers, de lui donner par écrit, durant son absence, quelques détails sur les mœurs, les usages, les coutumes, des lieux qu'il allait parcourir.

Ernest n'apprécia pas d'abord le danger qui pouvait résulter d'une correspondance clandestine; il s'y engagea assez témérairement et promit de donner parfois de ses nouvelles. Célénie jugeait mieux que lui jusqu'où pourrait l'entraîner l'accomplissement d'une semblable promesse; elle savait qu'une tendresse naissante devient plus vive par la fréquentation d'un commerce épistolaire. Souvent la main trace sans réflexion des phrases qui plus tard deviennent des chaînes. On croit ne rien dire, et l'on exprime beaucoup. Plus d'un amour a commencé par l'envoi d'une lettre presque indifférente, et la passion qui naît dans l'éloignement n'est pas celle qui acquiert moins de force.

Aline vit partir avec regret son ami (elle ne lui donnait encore que ce titre); mais, sans oser se l'avouer, elle éprouvait une satisfaction secrète à songer qu'il s'éloignait aussi de mademoiselle de Girmel, dont elle n'aurait pas à craindre le triomphe. Ernest absent lui devait être fidèle; son regard inexpérimenté ne portait pas plus loin; il ne s'étendait pas au delà du cercle de ses habitudes ordinaires. Un premier amour a peu de défiance; il ne présume pas l'infidélité; il ne croit au danger que lorsqu'il est en sa présence : confiance précieuse qui fait le charme et fournit au repos de ce doux sentiment.

CHAPITRE XX.

L'HUMILITÉ D'UN ABBÉ.

Le faux zèle étalant ses barbares maximes.

VOLTAIRE, *Henriade*, ch. VII.

JUSQU'A ce jour la prééminence de Monsieur le Préfet n'avait reçu aucune atteinte. Perdu dans la haute sphère de sa dignité provinciale, ce nouvel Aman ne redoutait aucun Mardochée, et devant lui s'éclipsaient plusieurs grandeurs

encore assez importantes dans un département. Le Général de brigade, en vertu
des décrets sur la préséance, ne lui con-
testait pas le premier rang. Il lui était
moins disputé encore par le président du
tribunal civil du chef-lieu; et, sans aucun nuage importun, il jouissait de tout
l'éclat de sa gloire. Mais ce parfait état
de contentement ne pouvait durer toujours; l'instabilité des choses humaines
est trop positive pour que des exemples
perpétuels ne la prouvent aux faibles
mortels. Monsieur de Girmel en eut bientôt l'assurance. Un astre rival se leva sur
l'horizon des honneurs, et le soleil de la
Préfecture fut éclipsé en grande partie.

A la lecture de cette période presque
poétique qui nous échappe, on doit pré-
juger que nous sommes sur le point de
raconter un grand événement prêt à changer la face des choses : on ne se trompe
pas. Le règne absolu de Monsieur le Pré-

fet était passé, et plus d'une tribulation lui était réservée. Pour mettre au fait le lecteur, nous lui rappellerons qu'un concordat nouveau avait été conclu entre la cour de France et celle de Rome. Une multitude de nouveaux évêchés établis furent la conséquence de ce pacte, dont le ministère n'osa pas faire une loi du royaume, en le soumettant à la sanction des chambres constitutionnelles.

Dans l'organisation des divers diocèses, le chef-lieu du département administré par le baron de Girmel devenait le siége d'un nouvel Évêché. Le gouvernement aussitôt nomma le titulaire. Le prélat dont nous parlerons bientôt ne put venir prendre en personne la possession de son petit royaume spirituel, les difficultés qui s'élevèrent sur l'exécution du concordat y ayant mis plusieurs obstacles. Cependant MONSEIGNEUR, pour préparer les voies de son établissement, envoya en précurseur le premier de ses grands vicaires; et Dieu sait s'il pouvait faire un pire choix! on en décidera lorsque nous aurons fait connaître le dernier personnage. Avant de tracer son portrait, il convient de dire un mot de la position du clergé sur lequel il venait dominer, durant le temps que cette troupe sacrée relevait d'un autre siége épiscopal.

Leur évêque d'alors unissait à toutes les vertus d'un successeur des apôtres les qualités aimables de l'homme du monde. Instruit sans pédanterie, bon par nature, on ne le voyait point chagriner les individus pour assurer le triomphe de son opinion. Il connaissait les devoirs de son rang, et l'orgueil n'en ternissait pas l'éclat. Il avait, durant les orages de la révolution, fui la hache acérée des bourreaux; mais son séjour chez l'étranger ne le ramena point avec des préventions défavorables contre sa patrie. Il y revint heureux d'être accueilli. Il parut dans son diocèse comme un ange de paix, et non tel qu'un ministre de vengeance pour des torts qu'il fallait oublier. Sa douceur, son aménité, ne tardèrent pas à rallier autour de lui tous les partis, toutes les nuances de l'opinion; et dès lors il put dire qu'il était véritablement le pasteur de son troupeau. Combien furent amers les regrets des ecclésiastiques, heureux sous un tel chef, lorsqu'ils durent passer sous la houlette d'un autre, imbu de maximes opposées! surtout quand ils eurent connu le grand vicaire, et que par le valet ils purent juger du maître.

Parmi les âmes ardentes que le fanatisme écarte du bien, ce grand vicaire pouvait réclamer une première place. Suivant aveuglément les impressions ultramontaines, fougueux Séide des enfans de Loyola, il n'avait cherché, dans son émigration, que les ennemis de la France;

8.

il n'avait peint sa patrie que sous d'o-
dieuses couleurs. Il n'y rapporta, quand
les événemens lui permirent d'y reparaître,
que le violent désir de poursuivre tous
ceux qui ne pensaient pas comme lui.
L'exaltation de son caractère lui fit trouver des protecteurs, tandis qu'il parcou-
rait l'Europe, parmi ceux qui voulaient
plier la France sous un joug de fer; ils
le recommandèrent à un prince italien;
et, par une bizarrerie de la fortune, ce
fut dans les bureaux d'un ministère de la
guerre qu'on lui procura de l'emploi :
image frappante des combats que plus
tard lui ferait soutenir son humeur bel-
liqueuse.

Recommandé par les mêmes appuis à
la grande aumônerie de France, on l'im-
posa comme directeur au superbe prélat
qui allait régir le diocèse formé du département de Girmel. Il devança Mon-
SEIGNEUR, et se montra tout à coup tel

qu'une comète de mauvais augure parmi les fidèles comme parmi le clergé. On l'entendit tonner contre les prêtres qui, après avoir failli durant les temps de persécution, n'avaient pris à témoin de leur repentir que le sein de leur évêque. Ces ecclésiastiques dès ce moment furent des brebis empestées dont il fallait se séparer, à moins que, par la honte d'une rétractation publique, ils ne lavassent la faiblesse de leurs anciennes erreurs. On ne vit de toutes parts que des prêtres suspendus des fonctions de leur ministère. Le clergé se divisa; il avait pendant quinze ans mis ses efforts en commun pour le bien de la catholicité, et voilà que lui-même s'occupa bien tard d'une faute qu'il paraissait avoir complétement oubliée. Il poursuivit ceux de sa classe qu'il avait accueillis jusqu'alors, tant la manie de l'épuration est loin de s'éteindre. Vainement elle semble amortie, un souffle suffit pour la ranimer.

Monsieur le Préfet, malgré son dévouement à la cause victorieuse, fut quelque peu effrayé du fracas causé par le grand vicaire, et de l'agitation dans laquelle celui-ci avait jeté le département : car la persécution dirigée contre une portion du clergé avait, par contre coup, porté dans les autres classes un esprit de discorde dont les suites n'étaient pas sans danger. Dans cette occurrence, Girmel saisit l'occasion d'une visite que vint lui faire le grand vicaire pour l'engager à modérer la vivacité de son zèle.

« Voudriez-vous par-là me faire entendre, Monsieur le Préfet, que j'outrepasse la ligne de mes devoirs ? Je suis ici pour faire triompher les bons principes ; je dois extirper les restes de schisme, et je regarderais comme ennemi de la religion, du gouvernement, ceux qui entreprendraient de soutenir les hérétiques, contre lesquels je tonne ou que je punis. »

Cette vigoureuse réplique déconcerta Monsieur le Préfet; il avait cru pouvoir parler en magistrat, il fut contraint de se défendre; il dut proclamer la pureté de ses opinions religieuses et monarchiques, en convenant que si le grand-vicaire devait pécher, c'était certes par trop d'indulgence. L'ecclésiastique, satisfait de l'avoir mis sous le joug, lui pardonna magnanimement, et poursuivit le cours de ses incendiaires menées. Il continua d'intriguer; il frappa sans discernement; il exaspéra des cœurs qui ne demandaient qu'à penser comme lui; il anima plusieurs prêtres, jusqu'alors pieux et modérés, qui élevèrent dès ce moment un nouveau schisme, et irritèrent contre le roi et le clergé, tous ceux qui embrassèrent leur cause.

Les chefs suprêmes ne devraient pas oublier que les fautes de leurs agens, loin de retomber sur ceux-ci, comme il serait juste, sont attribuées toujours au gouvernement qu'on charge des imprécations méritées seulement par ceux qui le représentent. Les rois, nous le savons, ne demandent, ne veulent que le bien de leurs sujets; ils ont plus d'avantages dans nos prospérités que dans nos infortunes: ils ne peuvent nous haïr, mais ils se laissent tromper; et avec nous ils supportent la faute de leur aveuglement, car c'est un bien pesant fardeau que les malédictions d'un peuple opprimé.

Si certaines gens maugréaient du grand-vicaire, il avait pour les combattre un parti peu fort en nombre, mais puissant en influence. Voilà, s'écriait-on, un digne Lévite! avec quel zèle il soutient les droits de l'autel! Ah! le saint homme, qu'il est digne de nos éloges! comme il honore le poste qu'on lui a confié!

La bonne compagnie ne tarissait pas

sur son compte, et s'il eût eu *de la nais-sance*, on aurait cru voir ressusciter en lui les grands-vicaires de l'ancien régime. Ce succès enflamma son zèle ; il voulut reconquérir en un instant tout ce que ceux de sa robe avaient perdu. Il exigea des respects qu'on ne lui devait point ; et un jour qu'il passait sur une place publi-que, il insulta grièvement trois citoyens, qui n'avaient pas, à son approche, levé leurs chapeaux. (*Historique.*) Cet acte un peu violent ne fut pas couronné d'un plein succès. Les trois individus outragés étaient M. Lubert, un ex-Capitaine de cavalerie et un bon Bourgeois, très-con-vaincu que sur le pavé du prince il ne devait de respect à nul que ce fût. Ce dernier, fort en colère de l'audace de ce-lui qui les insultait, lui riposta avec ai-greur, et le nom de Prestolet vint frap-per les superbes oreilles du représentant de MONSEIGNEUR. A cette qualification désagréable, qu'il s'était lui-même attirée, le grand-vicaire partit furieux, et courut à l'hôtel de la Préfecture, demander vengeance au magistrat suprême. Il oublia sans doute que le premier il avait commencé l'attaque, et le bon pasteur se présenta comme la douce victime d'une injuste animosité.

Monsieur le Préfet, très-disposé à servir le courroux de ce personnage, lui demanda le nom des coupables. Quel fut son effroi, lorsqu'on lui désigna comme chef de la conspiration, le négociant Lubert; ce qui, à ses yeux, changeait la face de l'affaire. Croyant à peine un fait pareil, la douceur de Lubert lui était connue : craignant d'ailleurs un éclat, dans lequel il serait contraint lui-même de jouer un rôle contraire à ses intérêts, il engagea le grand-vicaire à donner dans cette circonstance une haute preuve de la charité chrétienne, mais il parlait en vain; l'irrascible plaignant ne voulait entendre à aucune satisfaction : il fallait des châti- mens pour venger l'honneur de l'Église. Il demandait toujours que justice lui fût rendue, lorsque l'on annonça le baron de Lanol, qui entra soudain sans attendre la réponse du Préfet.

— « Ah ! monsieur l'abbé, dit-il après avoir salué l'administrateur, je suis char- mé de vous rencontrer ici ! J'y venais à votre sujet; et puisque vous voilà, vous entendrez mes reproches. »

— « Vos reproches, monsieur ! Insul- teriez-vous à la sainteté de mon carac- tère ? »

— « Tout doux, monsieur l'abbé, ne vous fâchez pas; vous prendriez une peine inutile. Vos amis, à Paris, vous ont-ils parlé du baron de Lanol ? »

— « Ah ! monsieur le baron, enchanté de vous voir. »

— « Eh bien, puisque vous me connaissez, souffrez que je vous parle avec franchise. N'avez-vous pas assez à faire avec votre clergé? Faut-il que vous veniez vous mêler du soin de redresser les autres classes? Que vous importe un salut, une politesse qu'on ne songeait pas à vous refuser, et que vous n'obtiendrez point à l'avenir. »

— « C'est ce que nous verrons. »

— « C'est ce que je vous assure. Vous avez d'ailleurs mal choisi vos adversaires; Monsieur le Préfet nous dira combien le négociant Lubert mérite des égards. Un très-honnête manufacturier, qui a cent mille francs de rente! il trouvera de solides appuis. Vous avez en outre offensé un militaire qui a coupé plus d'oreilles aux mauvais plaisans, que vous ne portez de croix d'ordres à votre boutonnière; votre dernier champion enfin est un chicaneur qui soutient en ce moment onze procès, et qui ne reculera pas devant le douzième : c'est, comme vous le voyez, jouer de mal- heur. »

— « Mon droit, cependant ? »

— « Dites votre injustice. Vous les avez insultés ; ils ont des témoins que vous n'avez pas encore convertis, et qui déposeront en conscience. Derrière les attaqués, marcheront toutes les vanités de la ville. Vous aurez à faire à forte partie. Je suis chargé de vous déclarer de la part de la noblesse, que si tout le tiers état ne la saluait le premier, elle ne vous soutiendrait pas dans vos pré- tentions. Ainsi, mon cher abbé, tenez- vous tranquille, et supportez ce que vous ne pouvez éviter. »

— « Maudite charte ! »

— « C'est l'ouvrage du monarque, respectez-la. »

— « Nous la démolirons, pièce à pièce. »

— « Non pas durant son règne : elle fait sa gloire, il la soutiendra ; et son successeur fera mieux encore, car il la raffermira. »

Monsieur l'abbé, confondu de se voir abandonné des siens, retira sa plainte ; mais il porta plus loin la rancune, et les noms de ses trois adversaires furent notés convenablement.

CHAPITRE XXI.

—◆—

QUELQUES MORALITÉS.

> Il est des cœurs insatiables d'autres biens
> que des richesses; ce sont les ambitieux.
> L'objet de leur passion est beaucoup
> plus fantastique, mais, en revanche, ils
> le croient plus noble.
>
> *Dict. des gens du monde.*

Le cœur humain, il faut, mes chers amis, en convenir entre nous, est bâti d'une étrange sorte; il y a deux choses principalement dont jamais il n'est tout entier satisfait : sa position du moment d'abord, puis la portion d'autorité qui lui est dé-

volue; sur ces deux points il n'entend
pas raison, et Confucius lui-même ne par-
viendrait pas à le faire changer, tant son
inquiétude naturelle le jette constamment
hors de la route du sens commun. L'homme, dans quelque rang qu'il puisse se trouver, dans quelque heureuse situation où
l'ait placé la fortune, se plaint de la mé-
diocrité de son existence, et ne rêve
qu'aux moyens d'usurper ce qui lui manque, toujours aux dépens d'autrui, car
notre bien ne peut nous suffire, et pour
nous arrondir d'une manière convenable
il faut y joindre une partie de celui du
voisin : voilà pourquoi le monde est tour-
menté sans cesse par l'ambition ou par
la cupidité! voilà pourquoi, durant tout le
cours de notre vie rapide, nous ne ces-
sons de jouer au noble jeu *ôte-toi de là
que je m'y mette*. Le bouleversement des
empires, le trouble intérieur des familles,
l'agitation de la société n'ont point d'au-

tre motif; ne point se contenter de ce qu'on possède, entreprendre sur le droit des autres, voilà en deux mots l'agent qui bouleverse les palais comme les chaumières, qui fait verser tant de sang sur les champs de bataille, tant de pleurs dans nos maisons, et couler sur le papier tant d'encre, car avec une plume on parvient souvent mieux à ces fins que par tout le reste: les paroles s'envolent, a dit un proverbe, les écrits demeurent, et tout, dans ce globe sublunaire, est dirigé par les écritures. Ce fait est certain, demandez-le à nos journalistes, et surtout à messieurs des bureaux.

Ces réflexions nous sont suggérées en ce moment par ce que nous avons raconté dans le précédent chapitre. Nous sommes assez niais, et certes, grand est le nombre de nos confrères, pour ne pas vouloir nous persuader que les respectables abbés, par exemple, tout occupés qu'ils

devraient être du soin de leur saint ministère, puissent trouver le temps, et surtout les motifs, qui les enlèvent au service de l'autel pour les lancer sur la mer
orageuse de la société. Quelle folie les
égare, en leur faisant abandonner d'au-
gustes devoirs pour venir disputer aux
autres hommes, l'autorité, la domination!
Ne sentent-ils pas, qu'en se montrant
agités des passions humaines, ils perdent
sur nos âmes l'empire qu'ils obtiendraient
en joignant l'exemple au précepte! Ah!
qu'ils seraient révérés parmi nous, s'ils
voulaient prendre pour règle de leur conduite, celle qu'un poëte a tracée, en parlant d'un grand-prêtre d'autrefois; il est
vrai que ce poëte mécréant était un homme abominable, mais enfin la bouche la
plus perverse peut laisser échapper quelques bonnes idées; où en serions-nous
d'ailleurs, s'il nous fallait n'écouter que
les hommes qui, par leurs actions ne dé-

mentiraient pas leurs paroles? les bons exemples sont rares, tandis que les langues dorées sont assez communes. Or, cet auteur, que nous ne nommerons pas néanmoins, afin de ne pas scandaliser les bonnes âmes, s'exprime de la manière suivante, dans laquelle sept docteurs en Sorbonne, que nous avons consultés, n'ont pu, malgré leur perspicacité, reconnaître aucune proposition téméraire, mal sonnante et sentant l'hérésie, ce qui est un grand point par le temps qui court, et avec les idées de l'époque :

> .... Obscur et solitaire,
> Renfermé dans les soins de son saint ministère,
> Sans vaine ambition, sans crainte, sans détour,
> On le voit dans son temple, et jamais à la cour.
> Il n'a pas affecté l'orgueil du rang suprême,
> Ni placé sa tiare auprès du diadème.
> Moins il veut être grand, plus il est révéré.

Ah ! que nous voudrions que ces vers admirables eussent été écrits par Racine, ils en auraient plus de poids! Mais, que disons-nous encore? Il y a peu de jours, Racine n'était-il pas mis lui-même à certain index! Et en effet, que veut-on de plus séditieux après les conseils de Joad au jeune prince hébreu, si ce ne sont toutefois, les sermons révolutionnaires adressés par Massillon à l'arrière-petit-fils de Louis XIV?

Mais, nous dira-t-on, est-ce le clergé seul qui cherche à sortir du cercle que notre Dieu lui-même a tracé, en disant que son royaume n'était pas de ce monde? Non sans doute, des hommes également composent le reste de la société; en est-il un seul, qui, satisfait de sa destinée, ne porte pas en dehors de lui un regard d'envie? Voyez partout s'agiter l'esprit d'usurpation. Voilà dans ce village, composé de trente feux, un maire, qui, fier de porter l'écharpe municipale, interprète ou élude les ordres du sous-préfet, tandis que son adjoint cherche, durant son absence, à le supplanter de son mieux.

Voilà Monsieur le Préfet très-désireux de faire le ministre, et qui commence par s'emparer des broderies de l'habit de l'excellence, en attendant qu'il puisse un beau jour remplacer son supérieur. Et tel monseigneur qui, lancé de son obscurité première dans un palais dont la somptuosité efface peut-être celle de la demeure de nos rois, se trouve-t-il satisfait dans cette vaste enceinte? non certainement il ne l'est pas. Que manque-t-il pourtant à son bonheur? N'est-il pas l'idole que sans relâche la foule encense? Ne commande-t-il pas à toute une nation? Ne lui impose-t-il pas ses caprices en manière de lois? Ne régne-t-il pas enfin? Oui, tout cela peut être vrai, mais monseigneur est encore loin d'être contenté. N'a-t-il pas à la même hauteur un nombre de collègues auxquels il ne peut commander qu'en général, mais qui, en détail, échappent tant qu'ils peuvent à son autorité? Toute gloire étrangère l'importune. Il craint le mérite parce qu'il se connaît, et regarderait comme une épigramme offensante, le buste de Colbert qu'un jeune architecte aurait placé dans son cabinet croyant bien faire. L'excellence voudrait tout à la fois fermer les bouches, briser les plumes, et puiser à volonté dans les bourses : il ne le peut, dès-lors il désire, il désirera toujours, même lorsque après sa disgrâce il ira dans ses terres déclamer contre les vanités humaines, et écrire ses mémoires, dernière occupation des ministres renvoyés.

Où trouverons-nous des gens qui ne veuillent pas s'emparer de ce qui est à leur bienséance? N'obéissions-nous pas naguère à ce géant qui se trouvait trop à l'étroit sur la terre, et qui étouffait dans l'Europe, disait-il. Il fit beaucoup sans doute pour notre gloire, mais rien pour notre bonheur, dont il ne parla que lorsque la fortune l'eût lancé du premier trône du monde sur la cime d'un rocher inaccessible. Après les rois, parlons un peu des femmes. Montrez-nous la beauté à la mode qui se repose sur ses lauriers ; plus leurs conquêtes se multiplient, plus elles cherchent à en augmenter le nombre ; mille amans ne leur suffisent pas, ce sont ceux de leurs meilleures amies qu'elles veulent enlever, et certes dans le sexe aimable auquel la providence a confié le soin de nos félicités, ce qui le conduit presque toujours à sa perte, est moins sa légèreté que ce désir insatiable de l'emporter sur les autres ; la frayeur, causée par l'idée du triomphe d'une rivale, a souvent coûté à mainte femme sa réputation et la tranquillité de sa vie.

Et messieurs les auteurs, nos très-dignes confrères, sont-ils, ceux-là, toujours charmés de la portion de gloire qu'ils se sont adjugée? nous le demandons, qu'on nous le dise! Nous en connaissons tel, qui, ayant bien mérité le quart d'une palme au Vaudeville, envie la renommée de l'auteur des *Messéniennes* et celle du poëte qui naguère a ramené avec tant d'éclat la famille d'Agamemnon sur la scène française; tel *inévitable* chansonnier, qui soupèse avec le rire du mépris les œuvres de l'*Hermite de la Chaussée d'Antin*, qui ne donnerait pas une de ses chansons impériales pour acquérir, s'il se pouvait, la tragédie de *Sylla*, et qui déclare les odes d'un jeune lyrique, dont quelques taches déparent à peine le beau talent, très-inférieures aux brochures qu'il compose avec des ciseaux..... Des ciseaux! Eh! ce mot-là nous fait franchir soudain l'imperceptible espace qui sépare notre faiseur de couplets de ces êtres mystérieux, qui, dérobant leur nom, voilant leur visage, disposaient naguère de tout le génie de la France dont la gloire les importunait. Amis, ennemis, tout était pour eux de bonne prise, ils faisaient comme l'excellent monsieur Tarquin, ils voulaient réduire au niveau de leur hauteur les renommées littéraires, ce qui était positivement les faire descendre au-dessous de la boue ; eh bien ! ceux-là empiétaient encore dans leurs attributions ; de la politique, ils étaient passés aux belles-lettres, ils sont rentrés dans leur obscurité première, Dieu leur fasse paix ! Un de nos amis que fort nous considérons, après être tombé noyé dans les flots de leur liqueur rouge, se vengea d'eux par un madrigal dont nous régalerons le lecteur, qui sans doute suppléera à l'omission du texte :

Lasses d'épouvanter le mortel affligé,
  Ou de punir les hôtes du Ténare,
  es trois terribles sœurs, de leur monarque avare

Un beau matin prirent congé.
« Oh ! s'écria Pluton, jamais dans mon royaume
» On ne doit du repos connaître les douceurs ;
» On n'entend point au ciel que le Tartare chôme ;
» Aux trois démons partis donnons des successeurs. »
Il dit, et courtisan de ce hideux fantôme,
Cerbère vomit les cent sœurs.

Grâces immortelles soient rendues au prince aussi éclairé que bon, qui a mis un terme à l'existence de cette race absorbante, et qui, pour l'avenir, nous promet un bonheur dont les premières actions nous ont donné d'heureuses prémices. Puisse-t-il user de son pouvoir pour contenir toujours les ambitions inquiètes, et pour assurer à la France les lois, gages de la prospérité publique, qui ne veulent croître qu'à l'ombre de son trône. Sous son règne, peut-être n'aurions-nous pas écrit les hauts faits de Monsieur le Préfet, tant nous sommes pleins de confiance en ses excellentes intentions. Mais le passé est du domaine de l'histoire, et les espérances, les certitudes même du temps présent, ne doivent pas détourner de tracer le tableau des temps écoulés. Les scandales qui nous affligèrent ne se renouvelleront pas, la sagesse du monarque, celle de son noble fils nous en donnent l'assurance, voilà pour l'avenir. Revenons néanmoins sur nos pas, retraçons des scènes déjà vieilles, il faut les marquer du sceau du ridicule : c'est, en France, le seul moyen qui puisse empêcher leur retour.

FIN DU SECOND VOLUME.

TABLE DES CHAPITRES

CONTENUS

DANS LE SECOND VOLUME.

FIN DE LA TABLE DU DEUXIÈME VOLUME.

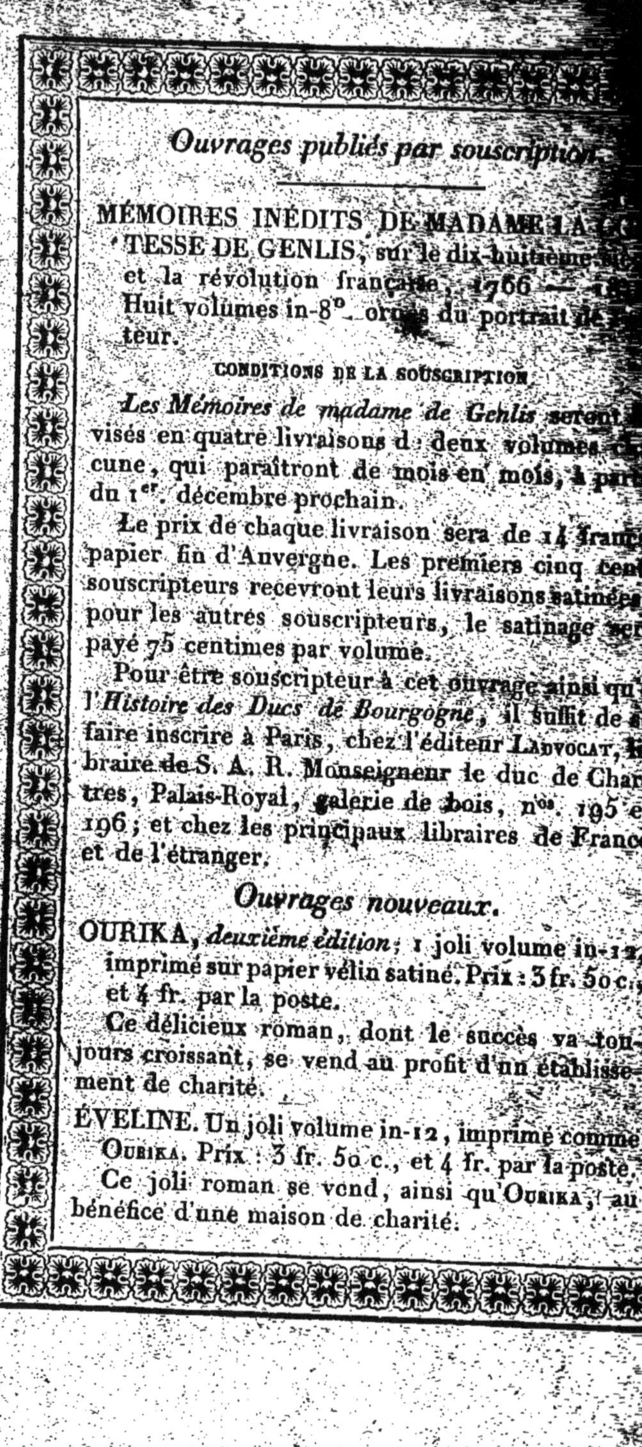

www.ingramcontent.com/pod-product-compliance
Ingram Content Group UK Ltd.
Pitfield, Milton Keynes, MK11 3LW, UK
UKHW021129220726
13924UKWH00004B/1972